OLUALÊ KOSSOLA

ZORA NEALE HURSTON
OLUALÊ KOSSOLA

AS PALAVRAS DO ÚLTIMO HOMEM NEGRO ESCRAVIZADO

PREFÁCIO DE ALICE WALKER

Tradução de
Bhuvi Libanio

1ª edição

2021

EDITORA-EXECUTIVA
Renata Pettengill

SUBGERENTE EDITORIAL
Mariana Ferreira

ASSISTENTE EDITORIAL
Pedro de Lima

AUXILIAR EDITORIAL
Júlia Moreira

REVISÃO
Renato Carvalho
Mauro Borges

REVISÃO DE TRADUÇÃO
Messias Basques

CAPA
Letícia Quintilhano

IMAGENS DE CAPA
Costas de moldura e moldura: Visivasnc/iStock
Kossola: McGill Studio Collection, The Doy Leale
McCall Rare Book and Manuscript Library, University of South Alabama

DIAGRAMAÇÃO
Mayara Kelly

TÍTULO ORIGINAL
Barracoon: The Story of the Last "Black Cargo"

CIP-BRASIL. CATALOGAÇÃO NA PUBLICAÇÃO
SINDICATO NACIONAL DOS EDITORES DE LIVROS, RJ

H944o

Hurston, Zora Neale, 1891-1960
Olualê Kossola: as palavras do último homem negro escravizado /
Zora Neale Hurston; tradução de Bhuvi Libanio. – 1ª ed. –
Rio de Janeiro: Record, 2021.

Tradução de: The Story of the Last "Black Cargo"
Inclui bibliografia e índice
ISBN 978-65-5587-312-2

1. Lewis, Cudjo, 1841-1935. 2. Escravos – Alabama – História – Séc. XIX
– Biografia. 3. Tráfico de escravos – África – História – Séc. XIX. 4. Tráfico
de escravos – Alabama – Mobile – História – Séc. XIX. 5. Tráfico de escravos
– Estados Unidos – História – Séc. XIX. I. Libanio, Bhuvi. II. Título.

CDD: 920.9306362
CDU: 929:326(73)"18"

21-71223

Leandra Felix da Cruz Candido – Bibliotecária – CRB-7/6135

Copyright © 2018 by The Zora Neale Hurston Trust.
Prefácio: Those Who Love Us Never Leave Us Alone with Our Grief: Reading *Barracoon: The Story of the Last "Black Cargo"* © 2018 by Alice Walker; concedido por Alice Walker.
Introdução, nota da editora e material de referência copyright © 2018 by HarperCollins Publishers

Copyright da tradução © Editora Record, 2021.

Publicado mediante acordo com Harper Collins Publishers

Texto revisado segundo o novo Acordo Ortográfico da Língua Portuguesa.

Todos os direitos reservados. Proibida a reprodução, no todo ou em parte, através de quaisquer meios. Os direitos morais da autora foram assegurados.

Todos os trechos de obras publicadas no Brasil citadas neste livro são traduções livres.

Direitos exclusivos de publicação em língua portuguesa somente para o Brasil adquiridos pela
EDITORA RECORD LTDA.
Rua Argentina, 171 – Rio de Janeiro, RJ – 20921-380 – Tel.: (21) 2585-2000,
que se reserva a propriedade literária desta tradução.

Impresso no Brasil

ISBN 978-65-5587-312-2

Seja um leitor preferencial Record.
Cadastre-se no site www.record.com.br e receba informações sobre nossos lançamentos e nossas promoções.

Atendimento e venda direta ao leitor:
sac@record.com.br

Mas o fato irrefutável que ficou entalado na minha garganta era: meu povo me *vendeu* e os brancos me compraram... Isso imprimiu em mim a natureza universal de ganância e glória.

Zora Neale Hurston, *Dust Tracks on a Road*

Índice

Prefácio:
Aqueles que nos amam jamais nos deixam sozinhos com nossa dor: A leitura de Olualê Kossola: as palavras do último homem negro escravizado, *por Alice Walker*   9

Introdução, por Deborah G. Plant   15
Nota da editora, por D. G. P.   31
Introdução à edição brasileira, por Messias Basques   33

OLUALÊ KOSSOLA

PREFÁCIO   55
INTRODUÇÃO   57
I   73
II: A CHEGADA DO REI   83
III   93
IV   97
V   105

VI: BARRACÃO	115
VII: ESCRAVIZAÇÃO	125
VIII: LIBERDADE	131
IX: CASAMENTO	137
X: KOSSULA APRENDE SOBRE A LEI	145
XI	151
XII: SOZINHO	159
APÊNDICE	163
Takkoi ou Attako — Jogo infantil	163
Histórias que Kossula me contou	165
O macaco e o camelo	170
História de Jonas	173
Agora ess'é Abraão pai dos fiéis	176
A mulher leoa	177

Posfácio e material adicional
editado por Deborah G. Plant

Posfácio	187
Agradecimentos	215
Fundadores e primeiros residentes de Africatown	221
Glossário	223
Bibliografia	235

Prefácio

AQUELES QUE NOS AMAM JAMAIS NOS DEIXAM SOZINHOS COM NOSSA DOR

A leitura de Olualê Kossola: as palavras do último homem negro escravizado

Aqueles que nos amam jamais nos deixam sozinhos com nossa dor. No momento em que mostram a nós nossa ferida, eles revelam ter o remédio. *Olualê Kossola: as palavras do último homem negro escravizado* é um exemplo perfeito disso.

Não sei se jamais houve uma leitura mais difícil que essa, para nós que temos o dever de carregar os ancestrais, de trabalhar por eles, enquanto seguimos com a vida diária em diferentes partes do mundo para onde eles e elas foram levados acorrentados. E onde existiram, como escravizados de pessoas brancas cruéis, curiosas ou indiferentes (com poucas exceções), em precária suspensão, desconectados de sua vida real; e onde nós também tivemos de lutar para proteger nossa humanidade, para experimentar a alegria de viver, apesar de todo o mal que testemunhamos ou ao qual fomos submetidos.

Ao ler *Olualê Kossola*, compreende-se imediatamente o problema que, anos atrás, várias pessoas negras, sobretudo intelectuais e líderes negros, tiveram com o livro. Ele registra de maneira resoluta as atrocidades que pessoas africanas infligiram umas às outras, bem antes de africanos algemados, traumatizados, doentes, desorientados, famintos chegarem aos navios como "carregamento de negros" no oeste infernal. Quem poderia encarar essa visão do comportamento violentamente cruel dos "irmãos" e das "irmãs" que foram os primeiros a capturar nossos ancestrais? Quem iria querer saber, por meio de um relato detalhado, como líderes africanos deliberadamente empreenderam a captura de africanos em povos vizinhos para provocar guerras por conquistas com a finalidade de escravizar, para o tráfico, pessoas — homens, mulheres, crianças — que pertenciam à África? E faziam isso de maneira tão hedionda que ler sobre isso duzentos anos depois provoca ondas de horror e angústia. Esta é, não se engane, uma leitura atormentadora.

A ferida nos está sendo mostrada.

PREFÁCIO

No entanto, a genialidade de Zora Hurston mais uma vez produziu uma obra-mestra.[1] O que é uma obra-mestra? É a perspectiva feminina ou parte da estrutura, seja ela de pedra ou sofisticada, sem a qual o edifício inteiro é uma mentira. E sofremos muito com isto: que africanos foram apenas vítimas do tráfico de escravizados, não participantes. Pobre Zora. Nada menos que uma antropóloga! Filha de Eatonville, na Flórida, onde a verdade, o que era real, o que acontecia de fato com alguém, importava. E então ela se sentou com Cudjo Lewis. Ela compartilhou pêssegos e melancia. (Imagine quantas gerações de pessoas negras jamais admitiriam comer melancia!) Ela conheceu a história sinistra contada por uma das últimas pessoas capazes de contá-la. Como pessoas negras vieram para os Estados Unidos, como fomos tratados por negros e brancos. Como

---

1 Ao definir o livro como uma obra-mestra (ou *maestrapiece*, no original), Alice Walker evoca a imagem de uma linhagem materna da intelectualidade negra, em oposição à imagem convencional dos pais fundadores do pensamento científico. A temática já havia sido debatida pela autora no seu livro *Em busca dos jardins de nossas mães: prosa mulherista* (1983). Em suas palavras, "para saber quem somos, devemos saber os nomes de nossas mães". Zora Neale Hurston ocupa uma posição primordial neste contexto, pois Alice Walker conta que, "ao encontrar aquela Zora (como uma chave dourada capaz de abrir um depósito de tesouros variados), fui fisgada. O que eu tinha descoberto, claro, era um modelo. [...] Zora já tinha feito um trabalho cuidadoso, preparando o terreno por onde eu caminhava". *In*: WALKER, Alice. *In Search of our Mothers' Gardens*. Nova York: Harcourt, 1983, p. 12-13, 276. Para uma análise minuciosa do tema, ver: SADOFF, Dianne. *Black Matrilineage*: The Case of Alice Walker and Zora Neale Hurston. Signs, v. 11, n. 1, p. 4-26. Disponível em: http://www.jstor.org/stable/3174284. Acesso em 9 ago. 2021. (*N. da R.T.*)

PREFÁCIO

americanos negros, eles mesmo escravizados, ridiculariza-vam os africanos, tornando a vida deles muito mais difícil. Como brancos, tratavam seus "escravos" como peças de maquinaria. Mas uma maquinaria que podia ser chicoteada, se não produzisse o suficiente. Rápido o suficiente. Uma maquinaria que poderia ser mutilada, estuprada, morta, se surgisse o desejo. Uma maquinaria que poderia ser traída, com alegria, sem nem um pouco de culpa.

E então a história da vida de Cudjo Lewis depois da Proclamação de Emancipação. Sua felicidade com a "liber-dade", ajudando a formar uma comunidade, uma igreja, construindo a própria casa. Seu amor e carinho pela esposa, Seely, e por seus filhos. As horríveis mortes que se seguiram. Vemos um homem que sente falta da África, que sente muita falta de sua família, somos tomados de assalto ao perceber que ele está nomeando algo que nós mesmos nos esforçamos tanto para evitar: como nós também somos soli-tários nesta terra ainda estrangeira: sentimos falta de nossa verdadeira cultura, de nosso povo, de nossa conexão única com uma compreensão específica do Universo. E aquilo a que ansiamos, como no caso de Cudjo Lewis, foi embora para sempre. Mas enxergamos algo mais: a nobreza de uma alma que sofreu até quase ser apagada e ainda assim luta para ser inteira, presente, generosa. Crescendo no amor, se aprofundando na compreensão. A sabedoria de Cudjo fica tão evidente, no fim de sua vida, que vizinhos pedem a ele que lhes fale em parábolas. O que ele faz. Oferecendo paz.

PREFÁCIO

Eis o remédio:

Apesar de o coração estar partido, a felicidade também pode existir em um momento. E, porque o momento em que vivemos é todo o tempo que realmente existe, conseguimos seguir em frente. Pode ser verdade, e com frequência é, que todas as pessoas por quem temos carinho são tiradas de nós. Ainda assim, de tempos em tempos... De tempos em tempos, assistimos ao crescimento de nossos feijões e de nossas melancias. Plantamos. Cultivamos. Colhemos. Compartilhamos com vizinhos. Se uma jovem antropóloga surge com duas peças de presunto e nos dá uma delas, esperamos aproveitá-la.

A vida, inexaurível, segue. E nós também. Carregando nossas feridas e nossos remédios enquanto seguimos.

Nossa jornada nas Américas é incrível e espetacular. É tão notável que só se pode ser grato por ela, por mais bizarro que isso possa soar. Talvez nosso planeta exista para aprendermos a apreciar a extraordinária maravilha da vida que cerca até mesmo nosso sofrimento, e para dizer Sim, ainda que através da mais espessa lágrima.

Alice Walker
Março de 2018

Introdução

Em 14 de dezembro de 1927, Zora Neale Hurston pegou o trem das 15:40 na Penn Station, Nova York, para Mobile, a fim de conduzir uma série de entrevistas com o último africano de que se sabia sobrevivente do último navio negreiro dos Estados Unidos, o *Clotilda*. Seu nome era Kossola, mas o chamavam de Cudjo Lewis. Ele foi mantido escravizado por cinco anos e meio no Plateau-Magazine Point, Alabama, de 1860 até que soldados da União lhe informaram que estava livre. Kossola viveu o restante da vida em Africatown (Plateau).[1] A viagem de Hurston para o sul foi uma continuação de sua expedição iniciada no ano anterior.

Olualê Kossola sobreviveu à captura por guerreiros do Reino do Daomé, aos barracões em Uidá e à Passagem do Meio. Ele foi escravizado, viveu durante a Guerra Civil, sobreviveu ao Sul não reconstruído e sofreu com as leis Jim

---

1 HURSTON, Zora Neale [Correspondência]. Destinatário: Langston Hughes, 9 dez. 1927. *In*: KAPLAN, Carla (ed.). *Zora Neale Hurston: A Life in Letters* [Zora Neale Hurston: uma vida através de cartas]. Nova York: Doubleday, 2002, p. 110.

16   INTRODUÇÃO

Crow. Ele vivenciou o alvorecer de um novo milênio, incluindo a Primeira Guerra Mundial e a Grande Depressão. Nessa magnitude de eventos mundiais, os importantes eventos do mundo pessoal de Kossola passaram como um redemoinho.

Zora Neale Hurston, como antropóloga cultural, etnógrafa e folclorista, estava ansiosa para investigar as experiências dele. "Quero saber quem você é", ela abordou Kossola, "e como você foi escravizado; e a que parte da África você pertence, e como você lidou com o fato de estar escravizado, e como você tem vivido como um homem livre." Kossola assimilou cada uma das perguntas dela, então ergueu um semblante choroso. "Brigado Jesus! Alguém vem perguntá sobre Cudjo! Eu quer contá pra alguém quem eu é, então talvez eles vão no solo da Áffica um dia e chama meu nome e alguém diz: 'Sim, eu conheço Kossula.'"[2,3]

---

2   Veja a introdução escrita por Hurston para este livro. Hurston utilizou diferentes grafias para o nome de Kossola. Em *Dust Tracks*, ela utilizou a grafia silábica que era característica de sua técnica quando registrava dialetos: "Lá fui falar com Cudjo Lewis. Essa é a versão americana de seu nome. Seu nome africano era Kossola-O-Lo-Loo-Ay" (198). Nos originais de *Olualê Kossola*, ela sistematicamente se refere a ele como "Kossula".

3   No Brasil do século XIX, a língua portuguesa estava em rápida expansão. Por um lado, era difundida pela imprensa, por escolas e pela escrita. Por outro, os falantes de quimbundo, quicongo, iorubá, eve, fon, haussá, macua e tantas outras línguas de origem africana eram obrigados a aprender o português, trazidos escravizados para o país. Diferentes grupos étnicos eram levados a diferentes regiões do Brasil. Dessa maneira, se quisermos representar a língua falada por um homem negro escravizado específico, no Brasil do século XIX, teríamos que, de certo modo, conhecer sua etnia, mas

INTRODUÇÃO   17

Depois de um período de três meses, Hurston visitou Kossola. Ela levou pêssegos da Geórgia, presuntos da Virgínia, melancias da estação e repelente da Bee Brand. Os presentes foram tanto uma forma de facilitar a amizade que florescia entre eles quanto meios de aguçar as lembranças de Kossola. Grande parte de sua vida foi uma sequência de separações.[4] Coisas doces podem ser paliativos. Kossola confiava em Hurston para contar sua história e transmiti-la para o mundo. Outras pessoas entrevistaram Kossola e escreveram textos que se concentravam nele e, mais genericamente, na comunidade de sobreviventes em Africatown. Mas apenas Zora Neale Hurston conduziu extensas entrevistas que renderiam um relato completo em livro sobre a vida de Kossola. Ela alternava o título do trabalho entre *Barracoon: The Story of the Last 'Black Cargo'* [Barracão: a história do último "carregamento negro"] e *The Life of Kossula* [A vida de Kossula]. Assim como nas outras entrevistas, Kossola

---

também saber o local onde viveu e qual trabalho executou. Caso contrário, correríamos o risco de tão somente repetir estereótipos. Uma vez que Kossola viveu nos Estados Unidos, não poderíamos determinar para qual região brasileira ele teria sido levado e, portanto, quais traços de sua língua materna apareceriam em sua fala, se falasse o português brasileiro. Diante disso, para traduzir a fala de Olualê Kossola, optou-se por repetir no português alguns traços peculiares à fala dele no inglês — aqueles que a estrutura linguística do português nos permite reproduzir sem contribuir com a disseminação de estereótipos. (*N. da T.*)

4   HILL, Lynda Marion. *Social Rituals and the Verbal Art of Zora Neale Hurston* [Rituais sociais e a arte verbal de Zora Neale Hurston]. Washington, DC: Howard University Press, 1996, p. 68.

18 INTRODUÇÃO

esperava que a história confiada a Hurston alcançasse o seu povo, do qual ainda sentia falta. Essa desconexão que vivenciava era fonte de contínua angústia.

ORIGENS

Kossola nasceu em cerca de 1841, na cidade de Bantè, lar dos isha, subgrupo do povo iorubá do oeste da África. Ele era o segundo filho de Fondlolu, a segunda das três esposas de seu pai. A mãe deu a ele o nome Kossola, que significa "não perco mais meus frutos" ou "minhas crianças não morrem mais".[5] Sua mãe teria ainda mais quatro filhos depois de Kossola, e ele, mais doze irmãos e irmãs em sua família extensa. O nome de Fondlolu a identificava como alguém que havia sido iniciada como devota de um Òrìṣà

---

5 DIOUF, Sylviane. *Dreams of Africa in Alabama: The Slave Ship* Clotilda *and the Story of the Last Africans Brought to America* [Sonhos da África no Alabama: o navio negreiro *Clotilda* e a história dos últimos africanos a serem trazidos para a América]. Nova York: Oxford University Press, 2007, p. 40. O contexto biográfico de Kossola Oluale e o contexto histórico do *Clotilda* foram retirados da obra de Diouf; ROBERTSON, Natalie. *The Slave Ship* Clotilda *and the Making of AfricaTown, USA: Spirit of Our Ancestors* [O navio negreiro *Clotilda* e a construção de Africatown, EUA: o espírito de nossos ancestrais]. Westport, CT: Praeger, 2008; e HURSTON, Zora Neale. *Olualê Kossola: as palavras do último homem negro escravizado*, caixa 164-186, arquivo 1, cópia datilografada e inédita e rascunho manuscrito, 1931, Coleção Alain Locke, Departamento de Manuscritos, Centro de Pesquisas Moorland-Spingarn, Universidade Howard.

INTRODUÇÃO 19

[orixá]. Seu pai se chamava Olualê.[6] Apesar de seu pai não ser descendente da realeza, como sugere *Olu*, que significa "rei" ou "chefe", o avô de Kossola era oficial do rei na cidade deles, proprietário de terras e animais.

Aos 14 anos, Kossola tinha feito treinamento para ser soldado, o que envolvia desenvolver habilidades de caça, acampamento e perseguição, além de se especializar em arco e flecha e lança. Esse treinamento o preparou para ser introduzido na sociedade secreta de homens chamada *oro*. Essa sociedade era responsável por garantir a justiça e a segurança na cidade. O povo isha iorubá de Bantè vivia em uma sociedade agrícola e era pacífico. Portanto, o treinamento de jovens rapazes na arte da guerra era uma defesa estratégica contra nações belicosas. Aos 19 anos, Kossola estava passando pelo processo de iniciação para o casamento. Mas esses rituais jamais foram realizados. Era 1860 quando o mundo que Kossola conhecia estava chegando a um fim abrupto.

O TRÁFICO TRANSATLÂNTICO

Na metade do século XIX, o mundo atlântico já havia tomado o interior africano. E, apesar de a Grã-Bretanha já ter abolido o tráfico internacional de povos africanos, ou a atividade a que se

---

6 Parece que "Olualê", nome do pai de Kossola, portanto, o primeiro nome de Kossola na África, ficou contraído em Lewis, que se tornou o último nome de Kossola nos Estados Unidos. "Cudjo" é o nome dado a uma criança do sexo masculino nascida em uma segunda-feira. Esse passou a ser o primeiro nome de Kossola nos Estados Unidos.

INTRODUÇÃO

referia como "comércio transatlântico de pessoas escravizadas",[7] em 1807, e, apesar de os Estados Unidos terem seguido o exemplo em 1808, navios europeus e americanos ainda navegavam para portos ao longo da costa ocidental africana para conduzir o que então era considerado "comércio ilegítimo". Leis foram aprovadas e tratados assinados; no entanto, meio século depois, a deportação de africanos da África para o continente americano continuava. França e Estados Unidos uniram forças com a Grã-Bretanha para suprimir o tráfico. Porém, o esforço foi, sobretudo, britânico, e as patrulhas dos Estados Unidos comprovaram sua ambivalência e frequente posição contrária aos interesses abolicionistas.[8]

---

7 Neste livro, decidiu-se pela substituição do termo "escravo" por "escravizado". Embora não haja consenso entre as pessoas que pesquisam a temática ou que se dedicam à tradução de obras literárias e acadêmicas, a decisão se baseia principalmente na reivindicação de pessoas negras acerca das consequências profundamente negativas da utilização de uma terminologia que somente contribui para a reprodução do racismo. Há quem defenda que a substituição de um termo pelo outro é anacrônica. Porém, entendemos que os sentidos que atribuímos ao passado são informados por decisões que tomamos no tempo em que vivemos. Além disso, o modo como olhamos para o passado informa a nossa compreensão do presente. Afinal, não se trata apenas de uma diferença semântica. Ter sido escravizado significa que este ou aquele indivíduo era uma pessoa, que foi capturada e subjugada ao cativeiro, no qual o cativo era transformado em escravo. Ao dizer que uma pessoa era um escravo, é a sua própria condição humana que desaparece, uma vez que o indivíduo é reduzido à condição primordial de uma propriedade (objeto) que pertenceria a uma pessoa (sujeito). Olualê Kossola foi um homem que sofreu o processo de escravização, mas a sua existência não se resume à condição de escravo que lhe foi imposta nos anos em que viveu em cativeiro. (*N. da R.T.*)

8 LOVEJOY, Paul E. *Transformations in Slavery: A History of Slavery*

INTRODUÇÃO

Habituados ao empreendimento lucrativo do tráfico e incentivados pela relativa facilidade de encontrar compradores para seus cativos, africanos que se opunham ao fim do tráfico persistiam na iniciativa. Os fon do Daomé foram os principais entre os povos africanos a resistir à supressão. Não só a escravização interna de seus prisioneiros era percebida como essencial para as tradições e os costumes mas também a venda externa dessas pessoas sustentava a riqueza de seu reino e seu domínio político. Para manter um "fornecimento de pessoas escravizadas" satisfatório, o rei do Daomé instigava guerras e conduzia ataques com o único propósito de abastecer o estoque real.

O rei Ghezo do Daomé renunciou seu tratado de 1852 para abolir o tráfico e, em 1857, retomou guerras e ataques. Relatos de suas atividades chegaram aos jornais de Mobile, Alabama. Um artigo de 9 de novembro de 1858 noticiou que "o rei do Daomé estava conduzindo um comércio intenso em Uidá".[9] Esse artigo chamou a atenção de Timothy Meaher, um "senhor de escravos" que, assim como vários escravocratas estadunidenses, queria manter o tráfico transatlântico. Desafiando a lei constitucional, Meaher decidiu importar pessoas africanas ilegalmente e escravizá-las. Em conspiração com Meaher, William Foster, que construiu o

---

in Africa. 3. ed. Nova York: Cambridge University Press, 2012, p. 135-36. [ed. bras.: *A escravidão na África*: uma história de suas transformações. Rio de Janeiro: Civilização Brasileira, 2002.]; ROBERTSON, 2008, p. 36-37.

9 DIOUF, 2007, p. 30-31.

22 INTRODUÇÃO

Clotilda, equipou o navio para transportar a "carga de contrabando". Em julho de 1860, ele navegou em direção ao golfo de Benim. Após seis semanas enfrentando tempestades e evitando ser surpreendido por navios que patrulhavam as águas, Foster ancorou o *Clotilda* no porto de Uidá.

BARRACÃO

De 1801 a 1866, aproximadamente 3.873.600 pessoas africanas foram trocadas por ouro, armas e outras mercadorias europeias e americanas. Desse número, por volta de 444.700 foram deportadas do golfo de Benim, que era controlado pelo Reino do Daomé.[10] Durante o período de 1851 a 1860, aproximadamente 22.500 africanos foram exportados. Desse total, 110 foram embarcados no *Clotilda*, em Uidá. Kossola era um deles — uma transação entre Foster e o rei Glèlè. Em 1859, o rei Ghezo foi assassinado com um tiro enquanto voltava de uma de suas campanhas. Seu filho Badohun assumiu o trono. Ele recebeu o nome de Glèlè, que significa "o leão feroz da floresta" ou "terror no arbusto".[11] Para vingar a morte do pai, bem como para juntar corpos sacrificiais destinados a certas cerimônias tradicionais iminentes, Glèlè intensificou as campanhas de invasão. Sob o pretexto de ter sido insultado quando o rei de Bantè se recusou a atender as demandas de Glèlè por milho e gado, Glèlè saqueou a cidade.

---

10 LOVEJOY, 2012, p. 141.

11 ROBERTSON, 2008, p. 84.

INTRODUÇÃO 23

Kossola descreveu para Hurston a violência que sucedeu o ataque antes do amanhecer, quando o povo de sua cidade acordou com mulheres guerreiras do Reino do Daomé matando-os atordoados. Aqueles que tentavam escapar pelos oito portões que cercavam a cidade eram decapitados pelos guerreiros homens postados lá. Kossola lembrou o horror de ver cabeças decapitadas penduradas nos cintos dos guerreiros e que, no segundo dia, os guerreiros pararam a marcha para defumá-las. Através das nuvens de fumaça, ele não conseguiu ver as cabeças de sua família e de seu povo. "É fácil entender que poucas pessoas teriam olhado com atenção para aquela visão", escreveu Hurston, empática.[12]

Com uma multidão capturada por guerreiros daomeanos, os sobreviventes do massacre de Bantè foram "presos a forquilhas e acorrentados", então marcharam para as prisões de Abomei.[13] Depois de três dias, foram encarcerados nos barracões em Uidá, perto do golfo de Benim. Durante as semanas de sua existência nos barracões, Kossola ficou confuso e ansioso em relação a seu destino. Diante dele havia um oceano violento e estrondoso que jamais tinha visto. Atrás dele, tudo o que considerava lar. Lá no barracão, assim como em seu lar no Alabama, Kossola estava paralisado entre dois mundos, e não pertencia totalmente a nenhum deles.

---

12 HURSTON, Zora Neale. *Dust Tracks on a Road: An Autobiography* [Trilhas de poeira na estrada: uma autobiografia]. Urbana: University of Illinois Press, [1942] 1984, p. 204.

13 Ibid., p. 202.

KOSSOLA, HURSTON,
CHARLOTTE MASON E *OLUALÊ KOSSOLA*

Em setembro de 1927, Hurston se encontrou com Charlotte Osgood Mason, benfeitora de várias celebridades do Renascimento do Harlem e assinou um contrato com ela.[14] Mason financiou o retorno de Hurston ao Alabama para mais entrevistas com Kossola e apoiou as pesquisas dela enquanto preparava *Olualê Kossola* para publicação. Em uma carta a Mason, em 25 de março de 1931, Hurston escreveu que o trabalho "está indo bem". Relatou que precisou revisar algumas passagens, mas que estava "a alguns parágrafos do fim da coisa toda. E então finalmente datilografar". Ela descreveu suas revisões e relatou as últimas descobertas de sua pesquisa: "Descobri na biblioteca um relato verídico do ataque, como Kossula disse que aconteceu. E o nome do povo. Não estava nos mapas porque o povo inteiro foi dizimado por tropas daomeanas. O rei que os conquistou preservou cuidadosamente a caveira do rei de Kossula como seu principal inimigo."[15]

Hurston e Mason conversaram sobre a possível publicação de *Olualê Kossola* durante alguns anos. Em seu desejo

---

14 O Renascimento do Harlem foi o movimento que transformou o bairro nova-iorquino Harlem no centro da cultura negra. Da primeira década do século XX até a metade dos anos 1930, esse período é considerado a era dourada da cultura afro-estadunidense, manifestada na literatura, na música, no teatro e nas artes plásticas. (*N. da T.*)

15 HURSTON, Zora Neale [Correspondência]. Destinatária: Charlotte Osgood Mason, 25 mar. 1931. *In*: KAPLAN, 2002, p. 214.

INTRODUÇÃO 25

de ver Hurston financeiramente independente, Mason incentivou Hurston a preparar *Olualê Kossola* para publicação, assim como o material que depois se tornaria *Mules and Men* [Mulas e homens]. Charlotte Mason se considerava não só uma benfeitora de escritores e artistas negros como também uma guardiã do folclore negro. Ela acreditava que era seu dever protegê-lo dos brancos que, "sem ter mais nada de interessante para investigar entre eles", estavam apanhando "material por todos os lados que, por direito, pertence totalmente a outra raça". Seguindo as sugestões de Mason e Alain Locke, Hurston aconselhou Kossola e sua família a "evitar falar com outros colecionadores de folclore — sem dúvida, brancos — que ele e a madrinha sentissem que 'deveriam ser mantidos totalmente afastados não só do projeto em questão mas do movimento inteiro pela redescoberta do material de nossa gente'".[16]

O apoio de Mason ao trabalho de Hurston com *Olualê Kossola* se estendeu a contribuições financeiras para o bem-estar de Kossola. Mason e Kossola acabaram estabelecendo contato direto, e Kossola a considerava uma "amiga querida". Como uma carta sugere, Kossola tinha dificuldades financeiras. Mason ficou sabendo que ele usou trechos de sua cópia da narrativa de Hurston para ganhar dinheiro de jornais locais. Kossola ditou uma carta para Mason em resposta à preocupação que ela expressou:

---

16 HILL, 1996, p. 72; BOYD, Valerie. *Wrapped in Rainbows: The Life of Zora Neale Hurston* [Embrulhada em arco-íris: a vida de Zora Neale Hurston]. Nova York: Scribner, 2003, p. 167.

26 INTRODUÇÃO

Querida amiga, você deve ter visto nos jornais sobre minha História. Mas já tem mais de três anos que eu deixo qualquer pessoa levar para copiar dela. Eu só fiz isso para que eles me ajudassem. Mas não tem ninguém fez por mim o que você faz. O senhor vai Abençoar você e vai te dar uma Vida longa. Onde não há mais divergências, seu em Cristo. Cudjo Lewis.[17]

Enquanto Mason queria proteger os interesses profissionais de Hurston, as duas ficaram preocupadas com o bem-estar de Kossola. Quando descobriu que Kossola não estava recebendo o dinheiro que Mason tinha enviado para ele, Hurston tentou descobrir qual era o problema. E atualizou Mason sobre a questão:

Escrevi para Claudia Thornton para verificar a situação de Kossula e tudo mais. Também pedi no correio em Plateau que verificassem as cartas que chegavam de Nova York para Cudjoe Lewis.[18]

Enquanto Hurston verificava como Kossola estava, ela continuava revisando seu manuscrito. "Segunda escrita sobre Kossula pronta e quase datilografada", escreveu para

---

17 LEWIS, Cudjo [Correspondência]. Destinatária: Charlotte Mason, Coleção Alain Locke, Departamento de Manuscritos do Centro de Pesquisa Moorland-Spingarn, na Universidade Howard.

18 HURSTON, Zora Neale [Correspondência]. Destinatária: Charlotte Mason. *In*: KAPLAN, 2002, p. 257.

INTRODUÇÃO 27

Mason em 12 de janeiro de 1931. Em 18 de abril, ela estava entusiasmada: "Finalmente, *Olualê Kossola* está pronto para os seus olhos."[19] Grata pelo apoio de Mason, Hurston dedicou o livro a ela e começou a enviá-lo para editoras. Em setembro de 1931, ela recebeu a proposta da Viking: "Mais uma vez, a editora Viking pede por *A vida de Kossula*, mas em linguagem em vez de em dialeto. Está aqui e sei o que você pensa a respeito disso e então eu não respondo a eles exceto em sua língua."[20] O dialeto era uma característica vital e que estabelecia a autoria da narrativa. Hurston não aceitou essa revisão. Talvez, como Langston Hughes escreveu em *The Big Sea*, o Negro já "não está mais em voga", e editoras como a Boni e a Viking não queriam arriscar com "material Negro" durante a Grande Depressão.[21]

O GRIÔ

Parece haver uma pitada de frustração no relato da historiadora Sylviane Diouf sobre Hurston ter enviado *Olualê Kossola* para várias editoras, "mas ele jamais encontrou alguém que

---

19 HURSTON, Zora Neale [Correspondência]. Destinatária: Charlotte Mason, 12 jan. 1931. *In*: KAPLAN, 2002, p. 201; HURSTON, Zora Neale [Correspondência]. Destinatária: Charlotte Mason, 18 abr. 1931, p. 217.

20 HURSTON, Zora Neale [Correspondência]. Destinatária: Charlotte Mason, 25 set. 1931. *In*: KAPLAN, 2002, p. 228.

21 HUGHES, Langston. *The Big Sea: An Autobiography* [O grande mar: uma autobiografia]. Nova York: Thunder's Mouth Press, 1940, 1986, p. 334; BOYD, 2003, p. 221.

28 INTRODUÇÃO

o aceitasse, e ainda não foi publicado".[22] O manuscrito de Hurston, como Diouf chamou atenção, é de valor inestimável e uma extraordinária produção literária, apesar de não ter encontrado quem o aceitasse enquanto ela ainda estava viva. Nele, Zora Neale Hurston descobriu uma forma de produzir um texto escrito que mantém a oralidade da palavra falada. E ela fez isso sem se intrometer na narrativa, criando o que alguns acadêmicos denominam *oratura*. Ao contrário da rejeição pelo biógrafo literário Robert Hemenway de *Olualê Kossola* como uma recriação por Hurston da experiência de Kossola, a acadêmica Lynda Hill escreve que "em um ato deliberado de supressão, ela evita apresentar seu próprio ponto de vista de forma natural, ou naturalista, e permite que Kossula 'conte sua história do seu jeito'".[23]

Zora Neale Hurston não estava comprometida apenas a recolher artefatos da cultura do povo afro-estadunidense, ela estava também determinada a apresentá-los de forma autêntica. Mesmo rejeitando a postura de observadora objetiva da investigação científica ocidental para assumir uma postura de observadora participante, Hurston ainda assim incorporou características convencionais dos processos de coleta etnográfica e folclórica em sua metodologia. Adotar a postura de observadora participante foi o que permitiu a ela coletar folclore "com tanta empolgação".[24] Como Hill observa, Hurston estava simultaneamente trabalhando e aprendendo,

---

22 DIOUF, 2007, p. 3.

23 HILL, 1996, p. 64.

24 HURSTON, Zora Neale [Correspondência]. Destinatário: Langston Hughes, 12 abr. 1928. *In*: KAPLAN, 2002, p. 116.

INTRODUÇÃO   29

o que significava, no fim das contas, que ela não apenas imitava
seus mentores, mas estava criando a si mesma.

A narrativa de *Olualê Kossola* inclui os aspectos de etnografia e coleta folclórica que revelam a metodologia de Hurston e estabelece a história de Kossola como dele mesmo, e não uma ficção fruto da imaginação de Hurston. A história é principalmente contada do ponto de vista de Kossola, em primeira pessoa. Hurston transcreve a história dele, usando a dicção vernacular dele, grafando as palavras conforme a pronúncia que ela escuta. As frases seguem o ritmo sintático de Kossola e mantêm suas expressões idiomáticas e orações repetitivas. O método de Hurston respeita a sensibilidade de Kossola para contar sua história; é uma contação "enraizada 'em solo africano'". "Seria difícil dizer que ela inventou toda a linguagem de Kossula e, consequentemente, a personalidade dele que emerge", comenta Hill.[25] E seria igualmente difícil afirmar que ela criou as experiências de vida relatadas na história de Kossola.

Ainda que Hurston tivesse suas próprias ideias de como uma história deve ser contada, Kossola tinha as dele. No início, Hurston fica impaciente com a fala de Kossola sobre o pai e o avô, por exemplo. Mas a sabedoria proverbial de Kossola ajusta esse comportamento: "Onde é a casa onde o rato é o líder?"[26]

Em *Dust Tracks on a Road*, Hurston reclamou da reticência de Kossola. Ainda assim, a paciência que ela tem para compreender a história dele está bem aparente na narrativa. Ela persiste em retornar à sua casa, mesmo quando Kossola a manda

---

25 HILL, 1996, p. 65-66.
26 Ibid., p. 65.

embora de forma petulante. Nem sempre ele fala quando ela chega, e escolhe cuidar do jardim ou arrumar a cerca. E algumas vezes o tempo que ela tem com ele é empregado para levá-lo à cidade. Algumas vezes ele se perde em memórias.

Registrar esses momentos no corpo da narrativa não só estrutura o fluxo geral da narrativa dos eventos mas também revela os padrões comportamentais de seu informante. Como Hurston não é apenas uma observadora, ela participa inteiramente do processo de "ajudar Kossula a contar a história dele". "Ao escrever a história dele", argumenta Hill, "Hurston não romantiza nem implica, de forma alguma, que ideais como autorrealização ou completa autoexpressão pudessem emergir de um sofrimento como o que Kossula vivenciou. Hurston não interpreta os comentários dele, exceto na construção da transição de uma entrevista para a seguinte, em suas notas de rodapé e no fim, quando faz um resumo".[27] A história reunida por Hurston é apresentada de tal maneira que ela, a interlocutora, simplesmente desaparece. O lugar narrativo que ela criou para o desabafo de Kossola é sagrado. Em vez de se inserir na narrativa como a antropóloga cultural estudada e inquiridora, a etnógrafa investigativa ou a autora, Zora Neale Hurston, em sua escuta cuidadosa, assume o papel de um padre. Nesse espaço, Olualê Kossola transfere sua história de proporções épicas para ela.

Deborah G. Plant

---

27 Ibid., p. 67.

Nota da editora

A introdução de Zora Neale Hurston para *Olualê Kossola* foi editada para estar de acordo com as convenções ortográficas, pontuação, gramática e uso. A ortografia e o uso contemporâneo também foram aplicados a nomes e lugares. Ao elaborar a introdução de seu trabalho, Hurston fez um esforço bem-intencionado para documentar o material que utilizou como fonte para contextualizar a narrativa de *Olualê Kossola*. Como ela afirma em seu prefácio, "pelos dados históricos, estou em dívida para com o *Journal of Negro History* e para com os registros da Sociedade Histórica de Mobile". Ela reitera esse agradecimento em sua introdução e alude ao uso de outros "registros". Hurston utilizou o *Historic Sketches*, de Emma Langdon Roche, mas faz referência indireta a essa obra, e a citação tirada desse livro, assim como de outras fontes que ela usou, são inconsistentes. Sempre que houve dúvida em relação ao uso de paráfrase e citação direta, revisei a passagem como citação direta e a documentei apropriadamente.

NOTA DA EDITORA

Em relação à narrativa, propriamente dita, li o original datilografado cotejando com outros rascunhos, datilografados e manuscritos, para chegar a um texto definitivo. Poucas edições foram feitas no texto relacionadas à tipografia, para melhor compreensão ou para corrigir erros de datilografia. À exceção disso, o texto permanece como Hurston o deixou. Fiz comentários em notas a fim de apresentar explicações ou para oferecer dados bibliográficos completos de fontes que Hurston usou em suas próprias notas. Essas notas são identificadas como "Nota da editora" e estão entre colchetes. Todas as outras notas são originais do manuscrito. As citações de Hurston e as notas de rodapé também foram editadas de acordo com as normas convencionais.

D. G. P.

Introdução à edição brasileira

Você tem que ir à tradição oral. Para as pessoas que foram dominadas, não há história, não há passado. Estas pessoas não têm voz. Portanto, você tem que ir ao contador de histórias.

Patrick Chamoiseau, maio de 2018[1]

Nós somos um povo. Um povo não joga fora os seus gênios. Se eles jogam, é o nosso dever como *testemunhas para o futuro* de coletá-los de novo para o bem de nossas crianças. Se necessário, osso por osso.

Alice Walker, dezembro de 1976[2]

---

1 CHAMOISEUAU, Patrick. 'Barracoon' and 'Slave Old Man' Approach the Trauma of Slavery with Care and Kinship. *The New York Times*, 2 maio 2018. Books of the Times. Disponível em: https://www.nytimes.com/2018/05/02/books/review-slave-old-man-patrick-chamoiseau-barracoon-zora-neale-hurston.html?smid=url-share. Acesso em 5 jul. 2021.

2 WALKER, Alice. Foreword (1976). *In*: HEMENWAY, Robert. *Zora Neale Hurston: A Literary Biography*. Urbana: University of Illinois Press, 1980, p. xviii.

34   INTRODUÇÃO À EDIÇÃO BRASILEIRA

Eu não olha pra trás. Eu segue em frente. (p. 185) Com essas palavras, um octogenário homem africano que sobreviveu à escravização conclui uma das muitas estórias que contou a uma jovem afro-americana que apenas começava a dar os primeiros passos em sua revolucionária carreira como escritora e antropóloga. O diálogo transatlântico entre Olualê Kossola e Zora Neale Hurston se passa nos últimos anos da década de 1920, em Africatown, no Alabama. A única cidade-quilombo fundada por africanos nos Estados Unidos e a primeira a ser administrada por pessoas negras.

À primeira vista, o cenário desse encontro afrodiaspórico pode parecer banal. Mas, aos poucos, nos damos conta de que o pórtico das casas das comunidades negras é verdadeiramente um palco. É nesta espécie de coreto que as artes da fala e da memória ganham vida nas formas de cantos e contos. Dessa vez, porém, o enredo também evoca as cenas, os traumas e as dores que abrem uma fenda espaço-temporal através da qual Zora Neale Hurston poderá ver, sentir e registrar capítulos até então desconhecidos das vidas de seus próprios ancestrais. Não é, por acaso, portanto, que ela se questiona: *Como uma pessoa consegue dormir com essas memórias sob o travesseiro?* (p. 74)

Encontrar respostas para esta pergunta era o objetivo de sua pesquisa de campo, conforme haviam-lhe sugerido o seu orientador na pós-graduação, o antropólogo de ascendência judaica e alemã Franz Boas (1858-1942), e a sua "madrinha" e financiadora, Charlotte Osgood Mason

INTRODUÇÃO À EDIÇÃO BRASILEIRA 35

(1854-1964), uma socialite branca nova-iorquina que se autoproclamava guardiã do folclore negro. A pesquisa no sul dos Estados Unidos oferecia a Zora Hurston a oportunidade de um retorno a um ambiente familiar, uma vez que ela havia vivido a infância e parte da adolescência em Eatonville, na Flórida, uma cidade-quilombo que fora igualmente fundada por pessoas negras e onde seu pai havia sido inclusive prefeito.

A busca de Zora Hurston também estava em sintonia com aquela empreendida pelas pessoas de seu entorno em Nova York, onde ela despontava como uma das mais promissoras expoentes do movimento artístico e político que ficou conhecido como o Renascimento do Harlem. Countee Cullen (1903-1946), que integrava o movimento, traduziu nos versos da poesia "Herança" (1925) a busca desses jovens artistas e intelectuais que ansiavam responder, cada qual ao seu modo, "o que é a África para mim".

A despeito da idade avançada de Olualê Kossola, algumas das imagens que se formam a partir de suas estórias são tão vivas e dilacerantes quanto as notícias dos jornais daqueles dias. O passado recente não dava mostras de que a promulgação da 13ª Emenda à Constituição, que aboliu a escravização e a servidão após a Guerra Civil (1861-1865), resultaria na emancipação de fato e de direito da população negra. Basta lembrar, por exemplo, que entre os anos de 1871 e 1920 foram registrados ao menos 273 casos de linchamento de pessoas negras, somente no Alabama.[3] Kossola viu a própria família desaparecer ao longo dos anos, com a sucessão impune de ataques racistas, o encarceramento e o assassinato de seus filhos. A esposa Abila, que também havia sido escravizada e traficada para os Estados Unidos, evanesceu diante de tanto sofrimento, até o dia em que adoeceu e logo partiu, como num protesto silencioso diante do peso insuportável da vida.

Este era o contexto das conversas de Kossola e Hurston, cujas vidas se passaram inteiramente sob a vigência das leis de segregação racial, mais conhecidas sob o nome infame de Jim Crow. Esse conjunto de dispositivos legais perdurou de 1865 até o ano de 1968. Kossola narra em detalhes e, ao mesmo tempo, encarna as contínuas tragédias e perdas de quem foi arrancado do próprio povo e escravizado pelo Reino do Daomé (atual Benin), aos 19 anos, sendo posteriormente vendido como "carga humana" aos contrabandistas do Alabama, que o mantiveram cativo por mais de cinco anos.

Ao ouvi-lo, Hurston sente e revive na pele a presença de um passado que insiste em cercar, prender e asfixiar pessoas negras sedentas de um futuro sempre distante. É assim que

---

3 Registros oficiais de linchamentos de 1871 a 1920, compilados pelo Departamento de Arquivos e História do Alabama pelo Instituto Tuskegee. Os números não incluem todos os tipos de violência e ódio racial ocorridos no período e incluem apenas os casos aceitos para registro pelos agentes policiais e de justiça. Disponível em: https://digital.archives.alabama.gov/digital/collection/voices/id/2516. Acesso em 5 jul. 2021.

INTRODUÇÃO À EDIÇÃO BRASILEIRA   37

ela atravessa os quase dois mil quilômetros que separam Nova York de Africatown. Ela geralmente viajava sozinha num Ford, munida de uma pistola, câmeras e cadernos, além de alguns presentes para Kossola, num período em que negros e negras evitavam transitar após o pôr do sol. Os livros verdes, guias de viagem que indicavam lugares e rotas seguros, não garantiam a sobrevivência de qualquer pessoa negra que deparasse com uma emboscada de supremacistas brancos ao longo do caminho.

É impossível percorrer as páginas deste livro sem ouvir a voz das personagens imortalizadas nas obras de outras escritoras afro-americanas, como Toni Morrison (1931-2019) e Octavia Estelle Butler (1947-2006). Esta última, uma das mais premiadas autoras de ficção científica, conta que escreveu *Kindred: laços de sangue* (1979/2017) "para fazer com que as pessoas sentissem a história em vez de simplesmente conhecer os fatos da história".[4] Em suas palavras, "parecia importante [...] a consciência do que significava ser um escravo, senti-lo em sua própria pele, por assim dizer, e compreender a falta de controle de seu próprio destino de que um escravo sofre".[5]

---

4   "How Octavia Butler's Sci-Fi Dystopia Became a Constant in a Man's Evolution", n. p., National Public Radio, Estados Unidos. Transcrição de áudio disponível em: https://www.npr.org/transcripts/968498810. Acesso em 5 jul. 2021.

5   Id.

38 INTRODUÇÃO À EDIÇÃO BRASILEIRA

Embora seja este o gênero em que foi mundialmente reconhecida e aclamada, Butler recusa a classificação de *Kindred* como uma obra de ficção científica, pois se trataria antes de tudo de uma fantasia sombria cuja protagonista é uma mulher negra. Afinal, o passado nem sempre é um campo aberto para aventuras, pois ele também pode ser um pesadelo que aprisiona corpos negros e do qual nós ainda lutamos para escapar. Por isso, diz Butler, "a viagem no tempo é apenas um dispositivo para fazer a personagem voltar e confrontar o lugar de onde ela veio".[6]

A experiência de sobreviver ao passado no presente é muito concreta e terrivelmente realista para pessoas negras. Basta um piscar de olhos e o dispositivo literário e fictício da viagem no tempo pode se converter num tipo de barracão como aquele no qual Olualê Kossola foi forçado a entrar: um espaço de despersonalização e desterritorialização, onde a mera existência humana se torna fugidia e até mesmo insondável. Se os barracões de outrora pretendiam transformar pessoas africanas em negros, sujeitos em objetos despossuídos de si mesmos, os barracões de hoje em dia atualizam esses procedimentos sob o disfarce da legalidade do estado democrático de direito: vielas, autos de resistência, fenótipos e corpos marcados pelo signo da suspeita, vidas jogadas nas calçadas e viadutos, botes lançados ao mar, despejos, camburões, presí-

---

6 FRANCIS, Conseula (ed.). *Conversations with Octavia Butler.* Jackson: University Press of Mississippi, 2010, p. 28.

INTRODUÇÃO À EDIÇÃO BRASILEIRA 39

dios, quartos de empregada... Como nos lembra o antropólogo haitiano-americano Michel-Rolph Trouillot (1949-2012), "a escravidão, aqui, é um fantasma, isto é, simultaneamente uma figura do passado e uma presença viva".[7]

No entanto, a imagem de um "carregamento negro", que aparece no subtítulo da edição americana, também poderia ser compreendida no sentido contrário da despossessão causada pela máquina escravista.[8] Kossola e os milhões de africanos e africanas traficados através do Atlântico carregavam consigo afetos, estórias, idiomas, saberes, culturas, religiões, modos de vida. Em uma palavra: a humanidade. Zora Hurston teria escolhido a palavra carga por sua capacidade de traduzir, a um só tempo, ambos os dispositivos que incidiam e se chocavam no corpo e na alma dessas pessoas: mercadorias fabricadas pela escravização versus a complexidade inapagável de suas vidas.

Em uma carta de 30 de abril de 1929, enviada ao amigo e escritor Langston Hughes, ela dizia que não "[queria] apenas apresentar o material com a vida e a cor do meu povo, quero não deixar buracos para que a multidão científica nos pise e nos rasgue".[9] Enquanto a sua imersão na vida das

---

7 TROUILLOT, Michel-Rolph. *Silenciando o passado*: poder e a produção da história. Tradução: Sebastião Nascimento. Curitiba: huya, [1995] 2016, p. 241-242.

8 RALPH, Laurence. Black Cargo. *HAU: Journal of Ethnographic Theory*, Londres, v. 10, n. 2, p. 269-278, 2020.

9 HURSTON, Zora Neale [Correspondência]. Destinatário: Langston Hughes, 30 abr. 1929. *In*: KAPLAN, 2002, p. 245-246.

40 INTRODUÇÃO À EDIÇÃO BRASILEIRA

comunidades negras do Sul florescia e despertava a dupla paixão pela antropologia e pela literatura, Zora Hurston se via cada vez mais confrontada com a intransigência de dois cânones: um composto de homens brancos de origem euro-americana, que ditavam os rumos da prática científica; outro capitaneado por homens negros, como aqueles que com ela participavam do Renascimento do Harlem.

Se para Zora Hurston a reinvenção criativa da língua inglesa e o repertório de estórias de personagens como Olualê Kossola eram "a grande riqueza cultural do continente",[10] logo ela descobriria que o seu trabalho incomodaria cientistas, editores e intelectuais negros por supostamente exceder os limites da objetividade, do método e da linguagem acadêmicos, bem como por se opor à criação de uma nova estética e de um novo paradigma para o negro norte-americano: heroico, bem-sucedido, eloquente, refinado, alguém que teria superado as crendices, as superstições, o analfabetismo e a crueza dos antepassados negros, cujas características eram alvo de discursos racistas e representações estereotipadas desde o advento da economia escravista.

Curioso notar que apenas alguns anos mais tarde, durante uma pesquisa de campo em comunidades afro-caribenhas, Zora Hurston se deteve no Haiti por onze meses. Foi nesse país que ela escreveu o clássico *Seus olhos viam Deus* (1937/2002) e um livro dedicado ao vodu no Haiti

---

10 HURSTON, Zora Neale [Correspondências]. Destinatário: Thomas E. Jones, 12 out. 1934. *In*: KAPLAN, 2002, p. 315.

INTRODUÇÃO À EDIÇÃO BRASILEIRA   41

e na Jamaica. Mas talvez o fato mais ilustrativo do caráter pioneiro de sua obra seja o seu compromisso com uma agenda que hoje chamaríamos de antirracista e que também se desenvolvia de modo original e transformador na obra de seu contemporâneo haitiano, o antropólogo Jean-Price Mars (1876-1969).

Ambos se dedicaram a ir além de uma antropologia salvacionista e exotizante, ávida por relíquias e artefatos sob encomenda para a composição de coleções etnográficas dos museus de história natural.[11] Price-Mars e Zora Hurston redimensionaram a importância do folclore, que até então era visto como um objeto menor e em vias de desaparecimento pelos seus próprios pares na antropologia. É notável a ressonância entre as palavras de personagens como Olualê Kossola e o propósito que move a obra *Ainsi parla l'oncle* (*Assim falou o tio*, 1928) de Jean Price-Mars: "Mas, por favor, meus amigos, não depreciemos mais o nosso patrimônio ancestral. Amemos-lhe, consideremos-lhe como algo intangível. Repitamos a orgulhosa estrofe que um velho bardo atribui a um habitante do Olimpo: Nada é feio na casa de meu pai."[12]

---

11 Para uma crítica de Zora Neale Hurston a respeito do tema, ver HURSTON, Zora Neale. O que os editores brancos não publicarão (1950). Tradução: Messias Basques; *Ayé: Revista de Antropologia*, Acarape, v. 1, n. 1, maio 2019; e BASQUES, Messias. Zora Hurston e as luzes negras das ciências sociais (Texto de apresentação). Ibid.

12 PRICE-MARS, Jean. *Ainsi Parla l'oncle*: essai d'ethnographie. Montreal: Leméac, [1928] 1973. p. 308-309.

42   INTRODUÇÃO À EDIÇÃO BRASILEIRA

Zora Hurston não estava sozinha ao responder para si mesma que nada era feio na casa de seus ancestrais, embora seja imprescindível dizer que o relato da captura e da escravização de Olualê Kossola pelo Reino de Daomé fez com que ela deparasse com outras faces da complexidade humana, a respeito das quais o maniqueísmo nos diz pouco. A compreensão da universalidade da ganância e da glória humanas,[13] como ela dirá em sua autobiografia, não implica o desprezo pelas suas origens, mas antes o senso de responsabilidade pelo enfrentamento dos erros do passado para que não se repitam no presente e no futuro, e pela reabilitação das feridas que ainda hoje latejam em nós. Para tanto, não bastava educar somente a comunidade negra ou cobrar dela que se orientasse por valores, etiquetas e modos de vida que não lhe diziam respeito. Desde muito cedo, Zora Hurston compreendeu a necessidade de educar os sentidos e a subjetividade de toda e qualquer pessoa que um dia pudesse ler a sua obra. Noutra carta, enviada a Franz Boas no dia 20 de agosto de 1934, ela o convidava a prefaciar a publicação de sua tese (*Mules and Men*, 1935), justificando a sua decisão de manter a oralidade (ou melhor, a oratura) que caracteriza o corpus da obra e a linguagem própria de seus interlocutores:

---

13 HURSTON, Zora Neale; WALKER, Alice; WASHINGTON, Mary Helen. *I Love Myself when I Am Laughing... and Then Again when I Am Looking Mean and Impressive*: A Zora Neale Hurston Reader. Nova York: Feminist Press at City University of New York, 1979, p. 64

INTRODUÇÃO À EDIÇÃO BRASILEIRA

> [...] espero que o assunto não científico que deve estar aí para o bem do leitor médio não o impeça de escrever a introdução. Acontece que as conversas e os episódios são verdadeiros. Mas é claro que eu nunca os teria colocado para que os cientistas os lessem. Eu sei que as sociedades cultas estão interessadas na história de muitas maneiras que nunca interessariam à mente média. Eles não precisam de estímulo. Mas o homem na rua é diferente. Portanto, por favor, considere tudo isso e não recuse o pedido do Sr. Lippincott de escrever a introdução a *Mules and Men*. E, além disso, sinto que as pessoas que têm mais informações sobre um assunto devem ensiná-lo ao público.[14]

Neste sentido, a vida de Olualê Kossola oferece uma rara oportunidade de aprendizado dos processos de constituição da identidade negra transatlântica e afrodiaspórica, bem como da inequívoca contribuição africana para a fundação de sociedades e países nas Américas. Tal como o antropólogo afro-brasileiro Manuel Raymundo Querino (1851-1923), Zora Neale Hurston reinventa o uso de procedimentos e métodos acadêmicos convencionais, que à época serviam justamente para negar a humanidade e a mera possibilidade de que pessoas negras fossem detentoras de modos de vida

---

14 HURSTON, Zora Neale [Correspondência]. Destinatário: Franz Boas, 30 abr. 1929. *In*: KAPLAN, 2002, p. 539-541.

44 INTRODUÇÃO À EDIÇÃO BRASILEIRA

ricos, diversos e complexos. Veja-se, por exemplo, o uso que Querino[15] e Hurston[16] fizeram do registro fotográfico para captar e transmitir as imagens de pessoas negras, como Olualê Kossola, de modo radicalmente distinto do uso de fotografias pelos intelectuais racialistas do período, que as utilizavam como instrumentos de aferição de medidas corporais e tipos físicos, respaldados em conceitos pseudocientíficos com os quais dissimulavam o seu mais puro e límpido racismo.

É importante dizer que Olualê Kossola não apresenta nem consiste em uma narrativa da escravidão em seu sentido tradicional, tampouco em uma biografia que se detém na história de um indivíduo em busca do sonho americano. Diferentemente da narrativa dominante na literatura sobre o tema, não se trata de uma obra que recorre ao dualismo pendular entre vilões e vítimas. Outro detalhe não menos significativo diz respeito ao fato de que as palavras de Kossola surgem do seu encontro com uma interlocutora negra, o que também o diferencia da notável narrativa biográfica de Mahommah Gardo Baquaqua, um homem da África Oci-

---

15 VASCONCELLOS, Christiane Silva. O uso de fotografias de africanos no estudo etnográfico de Manuel Querino. *Sankofa*: revista de história da África e de estudos da diáspora africana, v. 2, n. 4, São Paulo, p. 88-111.

16 KENNON, Raquel. "In de Affica Soil": Slavery, Ethnography, and Recovery in Zora Neale Hurston's *Barracoon: The Story of the "Last Black Cargo"*. *MELUS*, Oxford, v. 46, n. 1, 11 mar. 2021, p. 75-104.

INTRODUÇÃO À EDIÇÃO BRASILEIRA   45

dental nascido por volta de 1824, cuja escravização se deu em terras brasileiras e que tem a sua história contada por um narrador branco.[17] Por esses motivos, Jaime Rodrigues (2018) argumenta que, "da perspectiva do próprio escravizado, restaram poucas evidências sobre o que representou a travessia do Atlântico após o desterro, a separação da família, da comunidade, da língua, dos hábitos alimentares, da religião e dos poderes políticos na África".[18] No cenário latino-americano, a exceção é a autobiografia escrita por Juan Francisco Manzano (1797-1854), homem negro e poeta cubano, que narra a sua experiência no cativeiro.[19]

O aspecto mais original da vida e das palavras de Olualê Kossola se refere ao fato de que ele não nasceu como um sujeito escravizado. Logo, seja como narrador ou protagonista, o seu testemunho desafia o tropo do "escravo heroico" popularizado por narrativas como as de Frederick Douglass. Williams & Relerford (2020) oportunamente sugerem que o livro ocupa uma posição liminar no cânone estabelecido das narrativas de escravização e libertação, sobretudo porque Olualê Kossola é o símbolo da complexidade de uma

---

17 Para mais informações e estatísticas sobre pessoas negras escravizadas, visite a página do projeto www.enslaved.org.

18 RODRIGUES, Jaime. Navio negreiro. *In*: GOMES, Flávio dos Santos; SCHWARCZ, Lilia Moritz. *Dicionário da escravidão e liberdade*. São Paulo: Companhia das Letras, 2018, p. 362.

19 MANZANO, Juan Francisco. *A autobiografia do poeta-escravo*. Organização, tradução e notas de Alex Castro. São Paulo: Hedra, [1840] 2015.

INTRODUÇÃO À EDIÇÃO BRASILEIRA

identidade igualmente liminar, radicada ao mesmo tempo no solo africano e no continente americano.[20] Apesar disso, assim como na biografia de Frederick Douglass, recém-publicada no Brasil,[21] pode-se identificar em ambas as obras a recusa de reduzir as suas narrativas e histórias de vida ao evento único da escravização.

É importante dizer ainda que este não é um livro nascido de um encontro amargo ou cujas palavras teriam girado em torno de uma tristeza intransponível.[22] Muito pelo contrário. Se é verdade que Olualê Kossola sofreu as barbáries da escravização e de uma vida profundamente marcada pelo racismo, também é preciso dizer que ele, a sua família e a comunidade de Africatown abriram o caminho para que os seus descendentes pudessem espalhar as raízes de um quilombo que ele ajudou a fundar. Desde o lançamento deste livro e de outros trabalhos que lançam luz sobre a vida das 110 pessoas africanas que cruzaram o Atlântico ao lado de

---

20 RELERFORD, Jimisha; WILLIAMS, Dana A. The (Ever)Lasting Significance of Zora Neale Hurston *Barracoon*. *The Langston Hughes Review*, v. 26, n. 1, 2020, p. 104.

21 DOUGLASS, Frederick. *Frederick Douglass*: autobiografia de um escravo. Tradução: Oséias Silas Ferraz. São Paulo: Vestígio, 2021.

22 Nas palavras de Cornell West (1993/2017), "o maior inimigo da sobrevivência do negro na América foi, e ainda é, não a opressão nem a exploração, mas a ameaça niilista — ou seja, a perda de esperança e a ausência de propósito. [...] Sem esperança não pode haver futuro; sem propósito não pode haver luta". *In*: WEST, Cornel. *Race Matters*. Boston: Beacon Press Books, [1993] 2017, p. 58.

INTRODUÇÃO À EDIÇÃO BRASILEIRA   47

Kossola,[23] seus descendentes têm se organizado e celebrado a sua memória viva.[24] O mesmo se pode dizer a respeito de Zora Neale Hurston.

Valerie Boyd (2004), autora de uma extensa biografia de Hurston, localizou uma carta em que ela confidenciava a W. E. B. Du Bois (intelectual negro, precursor da sociologia e da psicologia norte-americanas) o temor de que os amigos morressem na miséria. Hurston perguntava a Du Bois a sua opinião a respeito da criação de um cemitério destinado a personalidades negras, cuja missão seria salvá-las do esquecimento na posteridade. Quis o destino que o Dr. Dúbio, como ela carinhosamente o chamava, tivesse um funeral de Estado em Acra, capital de Gana, enquanto Hurston sucumbiu à própria profecia. Foi Alice Walker quem a resgatou do anonimato póstumo, reformando o seu túmulo e instalando no local uma lápide onde se pode ler: *Zora Neale Hurston — um gênio do Sul. Novelista, folclorista e antropóloga.*

Desde o lançamento de *Olualê Kossola*, cujo manuscrito permaneceu inédito por quase 90 anos, o livro tem sido paulatinamente reconhecido como um clássico de valor inestimável, sobretudo nas ciências humanas e na antropologia. Embora poucas revistas de referência nessas áreas tenham publicado resenhas acerca do livro, é preciso dizer

---

23 Ver, por exemplo: DURKIN, Hannah. Uncovering the Hidden Lives of Last Clotilda Survivor Matilda McCrear and Her Family, *Slavery & Abolition*, v. 41, n. 3, 19 mar. 2020, p. 431-457.

24 Para saber mais, visite o site https://theclotildastory.com/

48 INTRODUÇÃO À EDIÇÃO BRASILEIRA

que se tornou leitura obrigatória na bibliografia de cursos de etnografia e métodos de pesquisa em departamentos de antropologia de instituições como a Universidade de Harvard e na Universidade de Brasília.[25] A tradução ao português certamente contribuirá para a ampliação do público de leitores, entre os quais a sua recepção é ansiosamente aguardada por uma nova geração de estudantes negras e negros.[26]

No Brasil, devemos a esses estudantes, especialmente ao Coletivo Negrada e ao Coletivo de Estudantes Negros das Ciências Sociais da Universidade Federal do Espírito Santo, a iniciativa de exigir a inclusão de autores negros em todas as disciplinas de seu curso de graduação, a partir de uma carta-manifesto por eles publicada no ano de 2017: "Não podemos continuar lendo e discutindo uma bibliografia estritamente branca e masculina depois de mais de 100 anos de abolição. A universidade mudou e precisamos estar atentos para os outros corpos e intelectualidades que a ocupam." É graças a esta iniciativa antirracista que Zora Neale Hurston e muitos outros antropólogos negros e negras têm

---

25 Nos anos de 2019 e 2020, nos cursos oferecidos pela Professora Dra. Ieva Jusionyte (Universidade de Harvard); e 2019, no curso lecionado pelo Prof. Dr. Henyo Barreto (DAN/UNB).

26 No mês de abril de 2021, a *Ayé*: revista de antropologia, da Universidade da Integração Internacional da Lusofonia Afro-Brasileira, publicou uma edição especial inteiramente dedicada à tradução de artigos de Zora Neale Hurston. A iniciativa é um dos resultados do projeto de Extensão RECânone, da Universidade Federal do Rio Grande do Norte. A revista está disponível on-line e tem acesso gratuito: https://revistas.unilab.edu.br/index.php/Antropologia/issue/view/33

INTRODUÇÃO À EDIÇÃO BRASILEIRA   49

sido cada vez mais lidos e redescobertos em nosso país. Foi assim que nós criamos um curso inédito, exclusivamente baseado em antropólogos negros e negras.[27]

A trajetória desses estudantes, em sua maioria vindos da periferia e de famílias negras pobres, reencena a própria vida de Zora Hurston, que durante a graduação na Universidade de Howard, em Washington, transitava das salas de aula para os ofícios de manicure, empregada doméstica e garçonete. Ela hoje inspira uma nova geração de jovens negros e negras, que a veem como o símbolo de uma revolução em curso, por meio da qual nossos ancestrais terão as suas vozes ouvidas e semeadas. Assim como Olualê Kossola se despediu de Zora Neale Hurston oferecendo-lhe os dois últimos pêssegos do seu pomar,[28] ficam aqui os votos de que a sua leitura faça brotar nos novos leitores a mesma admiração e zelo

---

27 Em 2018, após ter sido contratado como professor substituto na Universidade Federal do Espírito Santo, tomei conhecimento da referida carta-manifesto e, com a colaboração do coletivo de estudantes negros, criamos um curso que passou a servir de inspiração para iniciativas semelhantes em outras instituições e regiões do país. Os programas e os textos do curso *Vozes negras na antropologia* estão disponíveis on-line e gratuitamente: www.vozesnegras.com

28 Zora Neale Hurston inverte o tropo que fez de frutos como a melancia, que ela alegremente divide com Olualê Kossola, um símbolo racista que ridicularizava os modos e os hábitos alimentares de pessoas negras. Neste livro, o gesto de compartilhar os frutos é antes de tudo um gesto de alegria contra a aspereza da vida. Para uma análise do tropo racista relacionado ao consumo de frutos pelos negros norte-americanos, ver BLACK, William R. How Watermelons Became Black: Emancipation and the Origins of a Racist Trope. *The Journal of the Civil War Era*, v. 8, n. 1, 2018, p. 64-86.

de intelectuais como Alice Walker, cuja busca por Zora Hurston tornou possível o nosso encontro com as palavras de Olualê Kossola.

Messias Basques
Doutor em Antropologia pelo Museu Nacional da UFRJ

OLUALÊ KOSSOLA

Para

Charlotte Mason

Minha madrinha e a mãe única de todos os primitivos que, com os Deuses no Espaço, preocupa-se com o coração dos sem instrução.

Prefácio

Esta é a história da vida de Cudjo Lewis contada por ele mesmo. Ela não pretende ser um documento científico, mas, de modo geral, é bastante precisa. Se ele por vezes é um pouco vago quanto a detalhes, depois de 67 anos, certamente deve ser perdoado. As citações de obras de viajantes ao Reino do Daomé são utilizadas não para fazer esta parecer uma biografia minuciosamente documentada, mas para enfatizar a impressionante memória dele.

Três grafias de sua nação são encontradas: "Attako", "Taccou" e "Taccow". Mas a pronúncia de Lewis é provavelmente a correta. Portanto, utilizei "Takkoi" ao longo da obra.

Fui enviada por uma mulher com um tremendo conhecimento sobre povos primitivos para coletar essa história. Pensar sobre o ato no passado teve o propósito de estabelecer a verdade essencial, não detalhes factuais, que com muita frequência são enganosos. Portanto, a ele foi permitido contar sua história de seu jeito, sem a intromissão de interpretações.

Pelos dados históricos, estou em dívida para com o *Journal of Negro History* e para com os registros da Sociedade Histórica de Mobile.

Zora Neale Hurston
17 de abril de 1931

Introdução

O comércio de pessoas escravizadas é o capítulo mais dramático na história da existência humana. Portanto, tem crescido uma literatura vasta sobre isso. Incontáveis livros e artigos foram escritos. Eles são complementados pelo amplo saber que tem sido transmitido por pessoas inarticuladas, atravessando mares e terras de todo o mundo.

Aqueles que justificaram o sistema de escravização a partir de variados argumentos expressaram seu ponto de vista. Entre essas pessoas estão vários traficantes de pessoas escravizadas que se vangloriavam do que faziam com a carne humana de contrabando.[1] Aqueles que,

---

1 No original, *"contraband flesh"*. Autumn M. Womack, professora do Departamento de Estudos Afro-Estadunidenses da Universidade de Princeton, argumenta em seu artigo "Contraband Flesh: On Zora Neale Hurston's *Barracoon*" que o comércio transatlântico de pessoas escravizadas e, mais genericamente falando, posturas antinegritude reúnem em si táticas tanto formais quanto informais

repugnados, não se envolveram, gritaram contra isso em alto e bom som.

Toda a conversa, impressa e falada, foi sobre navios e provisões; sobre navegação e condições climáticas; sobre estratagemas e pirataria e ataques aos navios; sobre reis nativos e barganhas difíceis e imorais para ambos os lados; sobre guerras entre povos e fábricas de escravização e massacres sangrentos e toda a maquinação necessária para abastecer um barracão com jovens africanos e africanas na primeira escala de sua jornada de humanidade para gado; sobre armazenamento e alimentação e fome e sufocamento e peste e morte; sobre o cheiro fétido de navios negreiros e motins da tripulação e da carga; sobre cargas aportando diante das armas dos navios de guerra ingleses; sobre leilões e vendas e lucros e prejuízos.

Todas essas palavras do vendedor, mas nenhuma do vendido. Os reis e os capitães cujas palavras moveram navios. Mas nenhuma palavra da carga. Os pensamentos do "marfim preto", da "moeda da África", não tinham valor de mercado. Os representantes da África no Novo Mundo vieram, e trabalharam, e morreram, e deixaram suas pegadas, mas nenhum pensamento registrado.

---

de transformar seres humanos em propriedade e de afirmar a superioridade branca, usando corpos negros como evidência. Womack cita Hurston para explicar que essa é a lógica da criação, a partir de vidas negras, de "carne humana de contrabando". [Disponível em https://aas.princeton.edu/news/contraband-flesh-zora-neale--hurstons-barracoon-0] (*N. da T.*)

OLUALÊ KOSSOLA

De todos os milhões transportados da África para o continente americano, só restou um homem. Ele se chama Cudjo Lewis e, no momento, vive em Plateau, Alabama, um subúrbio de Mobile. Esta é a história desse Cudjo.

Encontrei Cudjo Lewis pela primeira vez em julho de 1927. Dr. Franz Boas me enviou com o objetivo de obter para o Dr. Carter G. Woodson, do *Journal of Negro History*, um relato em primeira mão do ataque que trouxe Cudjo para os Estados Unidos e para a escravização. Conversei com ele em dezembro daquele mesmo ano e novamente em 1928. Assim, de Cudjo e dos registros da Sociedade Histórica de Mobile obtive a história do último carregamento de pessoas escravizadas trazido para os Estados Unidos.

Os quatro homens responsáveis por essa última negociação de carne humana, antes de a rendição de Lee em Appomattox ter dado fim aos 364 anos do comércio de pessoas escravizadas, foram os três irmãos Meaher e o capitão [William "Bill"] Foster. Jim, Tim e Burns Meaher eram nativos do Maine. Eles tinham um moinho e um estaleiro no rio Alabama, na boca do riacho Chickasabogue (hoje chamado riacho Three-Mile), onde construíram embarcações velozes para furar bloqueios, obstruir expedições e para o comércio nos rios. O capitão Foster estava associado aos irmãos Meaher nos negócios. Ele "nasceu na Nova Escócia de pai e mãe ingleses".[2]

---

2 ROCHE, Emma Langdon. *Historic Sketches of the South* [Esboços históricos do Sul]. Nova York: Knickerbocker Press, Scholar Select Reproduction, 1914, 2016, p. 72.

Várias justificativas foram dadas para essa viagem à costa africana em 1859, com os rumores da secessão se espalhando de uma ponta a outra dos Estados Unidos. Alguns dizem que foi feita como uma brincadeira para ganhar uma aposta. Isso é improvável. Provavelmente, acreditavam, junto com tantos outros, que os abolicionistas jamais alcançariam seus objetivos. Talvez tenham simplesmente pensado no lucro provável da viagem e então a empreenderam.

O *Clotilda* era o navio mais rápido que eles tinham, e foi o selecionado para fazer a viagem. Parece que o capitão Foster era o verdadeiro proprietário da embarcação.[3] Provavelmente foi por isso que ele navegou no comando. Os documentos de bordo relatam que a embarcação estava navegando para a costa ocidental com o intuito de buscar um carregamento de azeite de dendê. Foster tinha uma tripulação de marinheiros ianques e navegou diretamente para Uidá, o porto de pessoas escravizadas no Reino do Daomé.

O *Clotilda* escapuliu de Mobile, tão secretamente quanto foi possível, para não provocar a curiosidade do governo. Fez uma boa viagem até próximo das ilhas de Cabo Verde. Então, um furacão atingiu o navio, e o capitão Foster precisou aportar para reparos.

Enquanto estava no dique seco, sua tripulação se amotinou. Exigiam aumento sob ameaça de informar um navio de guerra que estava próximo.

---

3 De acordo com Diouf (2007) e Robertson (2008), o navio foi construído por William Foster e pertencia a ele.

OLUALÊ KOSSOLA

Sem demora, Foster prometeu o aumento que os marinheiros reivindicaram. Mas sua esposa contou várias vezes que, rindo, ele quebrou essa promessa, quando foi seguro fazê-lo. Depois da conclusão dos reparos, ele presenteou os oficiais portugueses com xales e outras bugigangas antes de partir sem ser atormentado.[4]

Logo ele ancorou em segurança no golfo da Guiné, antes de Uidá. Não havendo ancoradouro, navios ficam em mar aberto e a comunicação com o litoral é feita por homens kru[5] em barcos a remo.

O capitão Foster rapidamente desembarcou com seus barris de moedas e de bens comerciais. "Seis negros robustos" foram designados para se encontrar com ele e conduzi-lo à "presença do príncipe do Reino do Daomé", mas ele não se encontrou com o rei.[6]

Foster foi levado, carregado em uma rede, até o príncipe, que o recebeu sentado em seu trono. Ele foi gracioso e hospitaleiro e ordenou que mostrassem a Foster "as paisagens de Uidá".[7] Ele estava rodeado de provas de sua riqueza, e Foster ficou impressionado. Ele ficou chocado principalmente com uma área grande cercada repleta de milhares de cobras, que, disseram a ele, foram coletadas para serem usadas em cerimônias.

---

4   ROCHE, 1914, 2016, 85.

5   Pescadores da etnia kru eram recrutados pela Marinha Real Britânica no século XIX e começo do século XX. (*N. da T.*)

6   Ibid., 86.

7   Ibid.

O príncipe lamentou por Foster ter chegado um pouco tarde demais para testemunhar a "tradição" do Reino do Daomé em honra ao comércio (estrangeiro, ou seja, em sua maioria comércio de pessoas escravizadas); no entanto, ele achou a companhia de Foster tão agradável que quis lhe oferecer um presente. Então, pediu a Foster que olhasse ao redor e escolhesse uma pessoa, "uma que 'a sabedoria superior e o gosto refinado' de Foster indicasse ser a melhor amostra".[8] Foster olhou ao redor e escolheu um homem jovem chamado Gumpa: "Foster estava fazendo essa escolha com a intenção de lisonjear o príncipe, com quem Gumpa tinha relações próximas." Isso explica o único daomeano na carga.[9]

Com o fim das cerimônias, Foster teve "pouca dificuldade para adquirir uma carga". Os barracões em Uidá estavam transbordando. "Havia muito tempo que parte da política dos comerciantes era instigar os povos uns contra os outros", para que várias pessoas fossem levadas prisioneiras e, "dessa maneira, manter os mercados com estoque cheio. Notícias sobre o comércio eram publicadas com frequência nos jornais". Um trecho do jornal *Mobile Register* de 9 de novembro

---

8   Ibid.

9   Ibid. Diouf (2007) e Robertson (2008) documentaram que a maioria dos cativos levados eram de etnia iorubá. Entre os demais grupos étnicos que compuseram os "africanos do *Clotilda*" em Africatown, houve apenas um fon, que era Gumpa (Peter Africano). Não era política do rei do Daomé escravizar súditos de seu próprio reino. Dar Gumpa a Foster parece ter sido um gracejo arrogante.

OLUALÊ KOSSOLA 63

de 1858 dizia: "Desde a costa ocidental da África, temos um comunicado datado de 21 de setembro. A disputa entre os povos no rio Serra Leoa deixou a situação com aspecto bastante insatisfatório."[10]

Incitar já não era necessário no Reino do Daomé. O rei do Daomé, havia muito tempo, concentrava todos os seus recursos em fornecer pessoas escravizadas para o mercado estrangeiro. Havia "um mercado ativo de escravizados com preço de 50 a 60 dólares a peça em Uidá. Uma enorme quantidade de negros e negras era reunida ao longo da costa para exportação".[11]

O rei Ghezo mantinha um exército permanente "de aproximadamente 12 mil, sendo 5 mil amazonas". O ano daomeano era dividido em duas partes — as guerras e os festivais. "Nos meses de novembro ou dezembro, o rei iniciava suas guerras anuais", e essas guerras eram mantidas até janeiro ou fevereiro.[12] Jamais eram feitas pela mera conquista. Eram todas impostas aos daomeanos por nações menos poderosas.

---

10 ROCHE, 1914, 2016, 73.

11 Ibid.

12 FORBES, Frederick Edwyn. *Dahomey and the Dahomans: Being the Journals of Two Missions to the King of Dahomey, and Residence at His Capital, in the Years 1849 and 1850* [O Reino do Daomé e os daomeanos: sendo os diários de duas missões para o rei do Daomé, e a residência em sua capital, nos anos de 1849 e 1850], v. 1. Charleston, SC: BiblioBazaar Reproduction Series, [1851] 2008, p. 14-15. [Veja informação sobre essa publicação em https://www.wdl.org/pt/item/2527/]

O rei se gabava de jamais ter atacado um povo a não ser que eles não só tivessem insultado o Reino do Daomé mas seu próprio povo pedisse por uma guerra contra os agressores por "três anos consecutivos". Então, e só então, ele se deixaria ser persuadido a avançar para exterminar o povo que o insultara. Mas havia tantos chefes e reis insultuosos que isto mantinha os guerreiros do Reino do Daomé, relutantes como eram, sempre prontos para o conflito. "Nações inteiras foram deportadas, exterminadas, o nome esquecido, exceto no festival anual de seus conquistadores, quando sicofantas chamam o nome dos reinos que foram derrotados para a celebração dos vitoriosos."[13]

Quando o rei daomeano marchava contra um lugar, ele escondia de seu exército "o nome ou o lugar contra o qual ele os levou", "até que estivessem a um dia de marcha" de seu objetivo. "A investida era geralmente à luz do dia e todos os tipos de artimanha, sigilo e engenhosidade eram usados para surpreender o inimigo." Com ou sem resistência, "todos os mais velhos eram imediatamente decapitados" e os jovens levados para os barracões em Uidá.[14]

"Ao retornar da guerra, em janeiro, o rei reside em Cana, e... 'realiza um feitiço'", ou seja, ele "sacrifica indiscrimi-

---

13 Ibid., p. 15, vi.
14 Ibid., p. 15-16.

nadamente e distribui generosos presentes" para o povo e, "ao mesmo tempo, compra dos soldados os prisioneiros e a cabeça" de pessoas mortas na guerra. (As cabeças são sempre cortadas e levadas para casa. Nenhum guerreiro deve se gabar de mais inimigos mortos do que a quantidade de cabeças que ele tem para mostrar.) "Os escravizados são então vendidos para comerciantes de pessoas escravizadas, e o dinheiro de sangue era gasto na tradição que se seguia: Hwaenooeewha, como é chamada a grande festa anual no linguajar daomeano."[15]

A festa mais importante "acontecia em março, e era chamada See-que-ah-hee", durante a qual o rei sacrificava várias pessoas escravizadas e fazia uma grande demonstração de sua riqueza. Há um festival menor em maio ou junho "em homenagem ao comércio", comemorado "com música, dança e cantoria". Em julho, comemorava-se a "saudação real ao feitiço das Grandes Águas".[16]

Portanto, quando o capitão Foster chegou, em maio, com as guerras do ano tendo acabado, ele tinha uma grande seleção da qual escolher. As pessoas que escolheu estiveram encarceradas atrás da grande casa branca por menos de um mês. Ele selecionou cento e trinta, em quantidades iguais de homens e mulheres, pagou por essas pessoas, sentou-se em sua rede e foi levado, atravessando o rio raso até a praia

---

15 Ibid., p. 17.

16 Ibid., p. 17-18.

e então pela rebentação por habilidosos garotos kru e embarcou em seu navio. Em outros barcos levados por garotos kru estavam as peças de sua propriedade.[17]

Quando 116 dos escravizados haviam sido embarcados, Foster, observando do apresto do navio com seu binóculo todas as atividades que aconteciam no porto, ficou alarmado. Ele viu os navios daomeanos de repente içarem bandeiras pretas.[18] "Ele desceu rapidamente e deu ordens" para abandonar a carga que ainda não havia sido embarcada e navegar, partindo a toda a velocidade. Disse que os daomeanos estavam traiçoeiramente planejando recuperar a carga que ele havia acabado de comprar e sequestrá-lo para obter resgate. Mas o *Clotilda* foi tão habilmente manejado e sua

---

17 [Nota da editora: O contexto em que Foster desembarcou corresponde à descrição de uma cena semelhante em Forbes (1851, 2008), que destaca a dificuldade tanto de manobrar da rebentação para a praia quanto da praia para um navio. Ao relatar sua experiência, Forbes faz alusão a "três kru" e uma "canoa kru" que foi "feita em pedaços". Essa cena específica possivelmente pareceu significativa para Hurston, já que Forbes estava se encontrando com um Sr. Duncan em uma missão para persuadir o rei do Daomé (Ghezo) "a aceitar um tratado para a supressão efetiva do comércio de escravizados dentro de seu território" (p. 45, 44).]

18 [Nota da editora: A narrativa de Foster afirma que, "enquanto começava, mais dois barcos se aproximaram ao lado com 35 negros, completando um total de 110; deixei quinze na praia, tendo que partir apressado" (FOSTER, William. "Last Slaver from U.S. to Africa, A.D. 1860" [O último navio negreiro dos EUA para a África, 1860 d.C.]. Mobile Public Library, Local History and Genealogy, p. 9).]

velocidade era tão alta que ele navegou veloz, partindo em segurança com toda a facilidade.[19]

No dia seguinte, foi perseguido por um cruzeiro inglês, mas escapou içando todas as suas velas. Nada surpreendente aconteceu até o 13° dia, quando mandou que a carga fosse levada ao deque para que eles e elas pudessem recuperar o movimento dos membros.

Apesar de o espaço do *Clotilda* exceder muito o que era comum na maioria dos navios negreiros, os negros ficavam amontoados. "O espaço em que normalmente se fazia a Passagem do Meio media de setenta a noventa centímetros."[20] O espaço dentro do *Clotilda* media aproximadamente um metro e meio. No entanto, a falta de movimento os paralisou.

"No vigésimo dia", Foster pensou ter visto no horizonte um cruzeiro britânico interceptando seu curso; ele subiu no mastro com seu binóculo. Sim, lá estava ele, extenso, direcionado para tomar seu curso. Ele desceu rapidamente e ordenou que os escravizados retornassem ao porão. Então, ancorou e "se manteve parado até a noite", quando retomou seu curso.[21]

Quando o capitão Foster alcançou águas americanas, os escravizados foram novamente enviados para o porão.

---

19 ROCHE, 1914, 2016, p. 88. [Nota da editora: De acordo com o relato de Foster: "Fomos surpreendidos quando um homem no alto com luneta gritou *'sail ho'* vapor a dez milhas a sotavento." (8).]

20 ROCHE, 1914, 2016, 88.

21 Ibid., p. 89-90.

O navio ficou escondido por três dias "atrás das ilhas no golfo do Mississippi e próximo ao sul da baía de Mobile".

> A fim de tornar o esconderijo mais seguro, o *Clotilda* foi desmastreado. Então, Foster pegou um barco pequeno, remado por quatro marinheiros, e foi para a costa ocidental da baía de Mobile com a intenção de informar Meaher da chegada do *Clotilda*. Sua aproximação foi recebida com suspeita por alguns homens em terra, que abriram fogo contra ele. Balançando um lenço branco, acabou com as dúvidas dos homens e ofereceu cinquenta dólares por um transporte que pudesse levá-lo a Mobile.[22]

"O capitão Foster chegou a Mobile em um domingo de manhã, em agosto (1859)"; ele retornou da "costa dos escravos" depois de setenta dias. "Muito antes, preparativos foram feitos para que um rebocador ficasse à espera, pronto para partir no momento em que fosse avisado, descendo até a baía de Mobile para rebocar o *Clotilda* e sua carga para um lugar seguro. Quando chegou a notícia, o comandante do rebocador estava na missa, na Igreja de St. John. O capitão Jim Meaher e James Dennison, um escravizado negro, correram para a igreja" e chamaram o comandante. "Os três se apressaram para o cais e logo estavam a bordo do rebocador." Ele seguiu para a baía, mas esperou escurecer para se aproximar do *Clotilda*.[23]

---

22 Ibid., p. 90-91.

23 Ibid., p. 94-95.

OLUALÊ KOSSOLA

Por fim, o rebocador seguiu com rapidez até o *Clotilda* e "iniciou a viagem baía acima". *O último navio negreiro estava no fim de sua jornada*: "O rebocador evitou o canal do rio Mobile, passou atrás do farol em Battery Gladden e tomou o rio Spanish (...). Enquanto o *Clotilda* passava do lado oposto a Mobile, o relógio na antiga torre Spanish bateu onze horas e a voz do vigia ecoou pela cidade e atravessou pântanos: 'Onze horas e está tudo bem.'"[24]

"O *Clotilda* foi levado diretamente para a ilha Twelve-Mile — um lugar isolado, estranho à noite." Lá, o capitão Foster e os Meahers esperaram por *R. B. Taney*, "nomeado chefe de justiça Tainey" do relatório da decisão no caso *Dred Scott*. Alguns dizem que foi *June* em vez de *Taney*.[25] "Luzes foram suprimidas e na escuridão, rápida e silenciosamente", os cativos foram transferidos do *Clotilda* "para um barco a vapor [e] levados rio Alabama acima, até a plantação de John Dabney, abaixo de Mount Vernon". No dia seguinte, estavam em terra firme e ficaram sob o comando do escravizado James Dennison.[26]

"Na ilha Twelve-Mile, a tripulação de marinheiros do norte se amotinou outra vez. O capitão Foster, com um revólver de seis balas em cada mão, entrou no meio deles, descarregou as armas e ordenou: 'Sumam daqui e jamais

---

24 Ibid., p. 95-96.
25 Ibid., p. 95-96 n1.
26 Ibid., p. 96-97.

deem as caras em águas sulistas outra vez.' Eles foram colocados no rebocador" e levados para Mobile. Um dos Meaher comprou passagens para eles "e esperou para vê-los embarcar em um trem para o norte. O *Clotilda* foi afundado e queimado, o próprio capitão Foster colocou 25 metros cúbicos de lenha no navio. O casco dele ainda está no pântano, na foz do Bayou Corne e pode ser visto na maré baixa. Depois Foster se arrependeu de ter destruído o navio, porque ele valia mais que os dez africanos que os Meahers deram como recompensa".[27]

Os africanos foram mantidos na propriedade de Dabney por onze dias. Permitiam que falassem apenas "aos sussurros" e eram constantemente transferidos de um lugar para outro.

> No fim dos onze dias, trouxeram-lhes roupas e eles foram embarcados no barco a vapor *Commodore* e levados até The Bend no condado de Clark, onde os rios Alabama e Tombigbee se encontram e onde Burns Meaher tinha uma plantação.
>
> Lá eles ficavam abrigados em galpões de carroças e, toda manhã, antes da aurora, eram levados de volta para o pântano, onde ficavam até escurecer.[28]

---

27 Ibid., p. 97. [Nota da editora: "Bayou Corne" é coloquialismo para Big Bayou Canot.]

28 Ibid., p. 98-99.

OLUALÊ KOSSOLA

"Meaher comunicou em segredo aqueles dispostos a comprar. Essas pessoas eram conduzidas por Jim Dennison ao local do esconderijo. Os africanos eram colocados em duas longas filas", homens em uma, mulheres na outra. Alguns casais eram comprados e levados até Selma.[29] Os demais eram divididos entre os Meahers e Foster: o capitão Jim Meaher levou 32 (dezesseis casais); o capitão Burns Meaher levou dez africanos; Foster recebeu dez e o capitão Tim Meaher, oito.[30] Enfim, depois de um período de ajustes, as pessoas escravizadas eram colocadas para trabalhar. Menos de um ano depois, estourou a Guerra de Secessão. Sem o perigo de interferência do governo federal, todos os africanos não vendidos para Selma foram levados para as plantações dos Meahers em Magazine Point.

No entanto, os Meahers foram processados na corte federal em 1860-1861 e severamente multados por terem trazido os africanos.[31]

À aldeia que esses africanos construíram depois que obtiveram liberdade deram o nome de "African Town". A cidade é agora chamada Plateau, Alabama. O nome novo foi resultado da ferrovia Mobile & Birmingham (hoje parte do Sistema Ferroviário do Sul) construída atravessando [a cidade]. Mas o tom dominante ainda é africano.

---

29 Ibid., p. 99-100.

30 Veja o capítulo 6 de Hurston no presente volume.

31 [Nota da editora: Apesar de terem sido processados e multados, nem Meaher nem Foster pagaram a multa.]

Já sabendo dessas coisas, mais uma vez procurei a casa antiga do homem chamado Cudjo. Esse homem peculiar que sobre si mesmo diz: *"Edem etie ukum edem etie upar"*: A árvore de duas madeiras; literalmente, duas árvores que cresceram juntas. Uma parte *ukum* (mogno) e uma parte *upar* (ébano). Ele quer dizer: "Em parte um homem livre, em parte livre." O único homem na terra que tem no coração a lembrança de seu lar africano; os horrores de um ataque para escravizar pessoas; o barracão; o canto quaresmal dos escravizados; e que tem 67 anos de liberdade em uma terra estrangeira.

Como uma pessoa consegue dormir com essas memórias sob o travesseiro? Como um pagão vive com um Deus cristão? Como o nigeriano "bárbaro" suportou o processo de civilização?

Fui enviada para perguntar.

I

Era verão quando fui conversar com Cudjo, por isso sua porta estava escancarada. Mas eu sabia que ele estava nos arredores da casa antes de entrar no quintal, porque encontrei o portão destrancado. Quando Cudjo vai para o quintal nos fundos da casa ou sai, ele tranca o portão com uma cavilha de madeira engenhosa, invenção africana.

Acenei e o chamei por seu nome africano enquanto eu subia os degraus do alpendre, e ele me olhou nos olhos enquanto eu estava parada diante da porta, surpresa. Ele tomava o café da manhã de uma caçarola esmaltada com as mãos, como de costume em sua terra natal.

A surpresa em me ver interrompeu a mão no caminho entre caçarola e rosto. Então, lágrimas de alegria brotaram.

— Ai, Senhô, eu sei é *você* chama meu nome. Ninguém não chama meu nome d'outro lado da água, só você. Você sempre me chama Kossula, do jeito qu'eu no solo da Áffica!

Notei que um outro homem se sentou comendo com ele e fiquei me perguntando por quê. Então falei:

— Vejo que você tem companhia, Kossula.

— Sim, eu tem que ter alguém pra ficar comigo. Eu fica doente na cama os cinco meses. Eu precisa de alguém pra me dar uma água. Então eu recebe esse homem e ele dorme aqui e cuida de Cudjo. Mas eu fica bem agora.

Apesar da doença recente e do fato de que o poço dele havia desmoronado, encontrei Cudjo Lewis radiante, cheio de boa vontade. O jardim estava plantado. Havia uma sombra profunda debaixo do seu cinamomo e tudo estava bem.

Ele queria saber algumas coisas sobre Nova York e, quando respondi, ele ficou sentado, em silêncio, fumando. Por fim, eu disse que estava lá para falar com ele. Ele tirou o cachimbo da boca e sorriu.

— Eu num m'importo — disse ele —, eu gosta de ter compan'ia vim me ver. — Então o sorriso se desfez em um rosto deprimido, chorando. — Eu tão sozinho. Minha esposa ela me deixou desde o 1908. Cudjo sozinho de tudo.

Depois de um minuto ou dois ele se lembrou de mim e disse, contrito:

— Desculpa. Você não fez nada comigo. Cudjo sente tão sozinho, ele não consegue segurar ele chora às vezes. Que que você quer comigo?

— Primeiro, quero te perguntar como você se sente hoje.

Outro silêncio profundo. Então ele disse:

— Eu agradece a Deus qu'eu segue Deus e em um país cristão.

— Mas você não tinha um Deus lá na África? — perguntei a ele.

Ele deixou a cabeça cair entre as mãos e as lágrimas brotaram frescas. Ao ver a angústia em seu rosto, me arrependi de ter afligido esse cativo em terra estranha. Ele leu a expressão em meu rosto e disse:

— Desculpa eu chorar. Eu não consegui segurar quando escuta o nome chamado. Ai, Senhô. Eu não vê o solo da Áffica nunca mai'!

Outro longo silêncio. Então:

— Como pergunta pra mim se a gente num tinha nenhum Deus lá na Áffica?

— Porque você disse "graças a Deus está seguindo Deus e em um país cristão".

— Sim, em Áffica a gente sempre sabe que tinha um Deus; o nome dele Alahua, mas pobre afficanos a gente num consegue lê a Bíblia, então a gente num sabe que Deus tem um Filho. A gente num é ign'ante... a gente só num sabe. Ninguém num conta pra gente do Adão comê a maçã, a gente não sabe que os sete selos estavam selado contra a gente. Nossos pais num conta isso pra gente. Eles não conta dos primeiros dias. Não, é isso mesmo. A gente só num sabe. Então isso o que você veio perguntá pra mim?

Eu demorei um pouco para responder.

— Bem, sim. Eu queria perguntar isso, mas eu quero perguntar muitas coisas para você. Quero saber quem você é e como você foi escravizado; e a qual parte da África você pertence e como você lidou com o fato de estar escravizado, e como você tem vivido como um homem livre?

Novamente, ele abaixou a cabeça por um tempo. Quando levantou o rosto molhado, ele murmurou:

— Brigado Jesus! Alguém vem perguntá sobre Cudjo! Eu quer contá pra alguém quem eu é, então talvez eles vão no solo da Áffica um dia e chama meu nome e alguém diz: "Sim, eu conhece Kossula." Eu quer que você em todos os lugares que vai conta pra todas as pessoas que Cudjo disse, e como eu em solo da América desde o 1859 e nunca mai' vê meu povo. Eu não consegue falar direito, você m'entende, mas eu fala palavra por palavra pra você e então não vai ficar muito ruim pra você.

"Meu nome não é Cudjo Lewis. É Kossula. Quando eu chega em solo americano, Sr. Jim Meaher ele tenta dizer meu nome, mas ele muito longo, você m'entende, então eu diz: 'Bem, eu sua propriedade?' Ele diz: 'Sim.' Então eu diz: 'Você me chama Cudjo. Isso tá bom.' Mas em solo afficano minha mãe ela me deu o nome Kossula.[1]

"Meu povo, você m'entende, eles num têm nenhum marfim na porta. Quando marfim do elefante está na porta,

---

1 [Nota da editora: Em *Dust Tracks on a Road*, Hurston escreveu que ela "foi conversar com Cudjo Lewis. Essa é a versão estadunidense do nome dele. O nome africano dele era Kossola-O-Lo-Loo-Ay" (198). Hurston também transcreveu o nome de Kossola como "Kossula" e "Kazoola". Em minha introdução e em referências em outros lugares, usei "Kossola", uma vez que está de acordo com a pesquisa de Sylviane Diouf em *Dreams of Africa in Alabama*, em que ela determinou "Kossola" como sendo a grafia provável: é um nome "imediatamente decifrável" para os Isha Iorubá que "têm uma cidade cujo nome é Kossola" (Diouf, 40).]

então aquele um rei, um governante, você m'entende. Meu pai nem o pai dele não governa ninguém. O povo antigo que vive duzen'os anos antes eu nasce não me conta o pai (ancestral remoto) governa ninguém.

"Meu povo na Áffica, você m'entende, eles não ricos. Ess'é a verdade, agora. Eu não vai contá pra você meus pais eles ricos e vêm de sangue nobre. Então, quando você vai em solo afficano e pergunta pras pessoas, elas diz: "Por que Kossula lá em solo americano conta qu'o pessoal dele rico? Eu conta pra você como é. É isso mesmo, num é?

"O pai do meu pai, você m'entende, ele um oficial do rei. Ele não vive no terreno co'a gente. Onde o rei vai, ele vai, você m'entende. O rei dá pra ele terra suficiente e tem vacas e cabras e ovelhas suficiente. É isso mesmo. Talvez depois de tempo ele vira chefe, eu num sei. Mas ele morre quando eu um menino p'queno. Que qu'ele vai ser mais tarde, isso num chega pra mim.

"Meu vô, ele um grande homem. Eu conta como ele vai."

Fiquei com receio de Cudjo se desviar do assunto, então o cortei com:

— Mas, Kossula, eu quero ouvir sobre *você* e como *você* vivia na África.

Ele me lançou um olhar de desdém e pena e perguntou:

— Onde é a casa onde o rato é o líder? No solo da Áffica eu num pode contar pra você do filho antes de contar do pai; e, por isso, você m'entende, eu num pode falar do homem que é pai (*et te*) ante' de contá pra você do homem que é pai dele (*et, te, te,* avô), é isso mesmo, num é?

"Meu vô, você m'entende, ele tinha o terreno bom e grande. Ele tinha esposas e criança suficientes. A casa dele, ela é no centro do terreno dele. No solo da Áffica a casa do marido sempre é no centro e as casas das esposas, elas num círculo ao redor da casa onde o marido delas mora.

"Ele não pensa nele mesmo pra casar com tantas mulheres. Não. No solo da Áffica é a esposa que vai encontrá pra ele outra esposa.

"S'ponha eu no solo da Áffica. Cudjo ele estava casado por sete anos, por exemplo. A esposa dele diz: 'Cudjo, eu está envelhecendo. Eu cansada. Eu vai trazer pra você outra esposa.'

"Antes qu'ela fala isso, ela já tem em mente a garota que ele num conhece. Ela uma garota que ela pensa muito boa. Talvez o marido dela nunca vê ela. Bem, ela sai pro mercado, talvez na praça pública. Ela vê essa garota e pergunta pra garota: 'Você conhece Cudjo?' A garota fala pra ela: 'Eu já ouvi dele.' A esposa diz: 'Cudjo é bom. Ele é gentil. Eu gosta de você pra ser esposa dele.' A garota diz: 'Vem comigo até meu pai e minha mãe.'

"Elas vai, você m'entende, pros pais da garota juntas. Eles faz perguntas pra ela e ela responde por seu marido. Ela faz perguntas pra eles também e se os dois lados satisfeitos um co'o outro os pais da garota diz: 'A gente dá nossa filha em seu cuidado. Ela num é mais nossa. Você seja boa pra ela.'

"A esposa ela volta pra Cudjo e faz os preparativos. Cudjo tem que pagar o pai pela garota. Se ela é uma garota rica que estava na casa de engorda muito tempo, você m'entende, ele tem que pagar o dobro de todas as coisas pra ela. Duas vacas, duas ovelhas, duas cabras, galinhas, inhame, talvez ouro. O homem rico mantém a filha na casa de engorda muito tempo. Umas vezes dois ano. Ela come lá dentro oito vezes por dia e eles não deixa ela deitar na cama e levantar sozinha. A pessoa que cuida da casa de engorda ele levanta e deita elas, pra elas não perder a gordura.

"O homem não muito rico, ele não pode deixar a garota dele lá por muito tempo então ela não muito gorda. Então homem pobre não manda a filha.

"Por isso, você m'entende, o homem paga preço diferente por garota diferente. Se ela filha de uma família pobre ou ela estava casada antes ou alguma coisa, ele não paga muito por ela.

"Quando a esposa nova chega no terreno do marido dela ela vive na casa co'a esposa velha. Ela ensina pra ela o que fazer e como tomar conta do marido. Quando ela aprende tudo isso, então ela tem uma casa sozinha.

"Quando eles fica pronto pra construí a casa nova, o homem pega o facão e corta a palmeira pra marcar o lugar onde a casa vai sê construída. Então ele mata uma vaca e toma bastante vinho de palma. Então todas as pessoas vêm e come a carne e bebe o vinho e pisa no terreno até ficar liso e constrói a casa.

"Meu vô, ele constrói casa de esposa muitas vezes.

"Uns homens no solo da Áffica não arruma nenhuma esposa p'que eles num consegue comprar nenhuma. Eles num têm nada pra dar pra uma esposa poder vir pra eles. Uns têm demais. Quando você tem fome é doloroso, mas quando a barriga muito cheia isso doloroso também.

"Todas as esposas faz comida (*udia*) pro marido. Todos os homens eles gosta de fufu. Ele come a grande cabaça cheia até o alto com fufu, então meu vô ele deita pra dormir.

"As esposas jovens (antes de elas serem velhas suficiente para assumir as obrigações de uma esposa) ajuda a colocar o marido pra dormir. Uma faz vento pra ele co'o leque. Outra esfrega a cabeça. Talvez uma limpa as mãos e alguém cuida das unhas dos pés. Então ele dorme e ronca.

"Alguém vigia a porta pra ninguém fazer barulho e acordá ele. Umas vezes o filho de um escravo no terreno faz barulho demais. O homem que vigia pega ele e leva ele pro meu vô. Ele senta e olha pro garoto então. E pergunta pra ele: 'Quem fala pra você qu'o rato pode andar 'través do telhado do poderoso? Onde está aquele homem português? Eu troca você por tabaco! Nos velhos tempos, eu anda em sua pele! (Isto é, eu mataria você e faria sapatos com o seu couro.) Eu bebe água no seu crânio.' (Eu teria matado você e usado sua cabeça como um copo.)

"Meu vô diz isso, mas ele não nunca pede o chefe pra vendê ninguém pro português. Uns chefe eles fica bravo quando o escravo fala tão atrevido e não faz o trabalho como eles manda. Então eles vende ele pro português. O chefe joga laranja debaixo da mesa. Então ele chama o menino escravo qu'ele vai vendê e diz pro menino: 'Pega pra mim a laranja debaixo da mesa.' O menino abaixa debaixo da mesa. O chefe tem um homem em pé ali. Talvez dois. Quando o menino vai debaixo da mesa pra pegá a laranja, o chefe diz: 'Pega o boxímane!' Os homens captura o menino e vende ele.

"O chefe ele num é sempre satisfeito. Um dia a esposa morre. Ela ainda na casa da esposa velha e nunca foi esposa pro chefe ainda. Ela muito jovem. Porque ela morre, Cudjo num sabe.

"Quando eles chega pra contar o chefe qu'a esposa jovem dele morta, ele vai olhá. Ele bate a mão no pulso dele. Então ele grita no punho e chora. Ele diz: 'Ié! ié! ié! minha esposa morta. Todos meus bens desperdiçados. Eu paga caro por ela. Eu engordei ela e agora ela morta e eu nunca durmo co'ela uma vez. Ié! ié! Eu perde muito! Ela morta e ainda uma virgem! Ié! ié, tu ié! Eu tem um grande prejuízo.'"

Cudjo olhou por cima de sua plantação de feijão-da-espanha para a casa de sua nora. Esperei que retomasse a narrativa, mas ele simplesmente ficou sentado ali sem me ver. Esperei, mas nem um som. Logo, ele se virou para o homem sentado dentro da casa e disse: "Vai pegá para mim um pouco de água fresca."

O homem pegou o balde e seguiu a trilha entre as fileiras de feijão-da-espanha até o poço no quintal da nora. Ele voltou, e Kossula tomou de um gole só um saudável copo cheio em um copo de estanho artesanal.

Então ele se sentou e fumou seu cachimbo em silêncio. Enfim pareceu ter descoberto que eu ainda estava lá. Então falou bruscamente:

— Vai me deixa sozinho. Cudjo cansado. Volta amanhã. Num vem de manhã p'que então eu estar no jardim. Vem quando quente, aí Cudjo senta dentro da casa.

Então deixei Cudjo sentado à porta com seus pés descalços expostos à nuvem de pernilongos que enxamearam na escuridão do interior de sua casa.

II

A CHEGADA DO REI

No dia seguinte, por volta de meio-dia, eu estava novamente no portão de Kossula. Desta vez, levei um presente. Uma cesta de pêssegos da Geórgia. Ele me recebeu com gentileza e começou a comer os pêssegos imediatamente. Mary e Martha, as filhas gêmeas de sua neta, se aproximaram dos degraus. O amor desse velho por essas crianças era evidente. De olhos alegres, ele selecionou quatro dos melhores pêssegos e entregou dois para cada garotinha. Ele resmungou com carinho para elas irem brincar. Depois de saírem, ele as procurou com amor nos olhos e apontou para um pequeno tufo de cana-de-açúcar no jardim.

— Vê aquela cana? — perguntou ele.

Balancei a cabeça dizendo que sim.

— Bem, eu planta aquela cana. Não é muito, mas cultivo aquilo pra Martha e Mary chegar pra mim e falar "Vô, eu quer um pouco de cana", eu vai cortá e dá pra elas.

Há um pessegueiro grande no quintal com pêssegos clingstone pequenos, mas deliciosos. Estavam começando a amadurecer. O velho me deu um ou dois e guardou um para cada uma das gêmeas.

Fui levada para conhecer todo o jardim. Kossula era cordial, mas nem uma palavra sobre si mesmo saiu de seus lábios.

Então fui embora e voltei no dia seguinte. Levei outro presente. Uma caixa de repelente em pó da Bee Brand para queimar dentro da casa e espantar todos os pernilongos.

Ele estava com disposição vocal e mal pôde esperar eu acender o repelente para falar sobre sua Áffica.

Então nos ajeitamos no alpendre e ele falou. Eu o lembrei de que estava me contando sobre o chefe perder uma esposa em circunstâncias tão infelizes e sobre o terreno de seu avô.

— Eu num esquece nada. Eu lembra tudo desde eu os 5 anos de idade.

"Sim, meu vô, ele um oficial do rei. Ele está com o rei em todo lugar qu'ele vai, você m'entende.

"Por isso, você m'entende, um homem ele mata um leopardo, bem, o rei num importa qu'ele mata um leopardo, mas a lei diz que quando um homem mata um leopardo ele tem que trazer o bicho pro rei.

"O rei num quer tirar o animal do homem que matou ele, você entende, mas ele tem que tirar os cabelos grandes (bigodes) que cresce em volta da boca. Eles muito veneno, e o rei num quer nenhuma das pessoas sendo mortas. Uns homens eles maus, você entende, e eles pega os cabelos e faz o veneno. Então, você sabe, o rei diz, quando qualquer homem mata o leopardo, ele tem que cobrir a cabeça dele pra nenhuma mulher conseguir ver o bicho e trazer o leopardo pro rei.

"Então os tambores bate e chama todos os chefes valentes vem discutir esse leopardo que foi morto.

"O rei, ele fica co'a cabeça, co'o fígado, co'a vesícula e co'a pele. Isso sempre pertence ao rei. Tudo faz remédio diferente. O corpo todo, isso ele seca e faz mais remédio também. Mas uns povos faz feitiço e come a carne, então eles come o remédio, você sabe.

"Por isso, quando um homem mata o leopardo e pega os cabelos antes qu'ele avisa o rei qu'ele mata o leopardo, eles mata o homem. Ele um homem mau.

"Um homem, você sabe, ele mata um leopardo. Ele cobre a cabeça e amarra o corpo numa árvore jovem. (Amarrado pelas patas a uma estaca para ser carregado.)

"Bem, o rei chama todos os chefes e eles vêm olhá. Eles tira a cobertura da cabeça e o rei olha pros cabelos. Ele vê um cabelo ele sumiu do buraco na face onde ele cresce. Todos os chefe eles olha também. Eles enxerga o cabelo num está lá. Então eles chama o homem.

"O rei diz: 'Bem, você mata esse animal?'

"O homem diz: 'Sim, eu mata ele.'

'Como você mata esse leopardo?'

'Co'a lança, eu mata ele.'

'Você toca a cabeça?'

'Não, eu num toca a cabeça de jeito nenhum. Eu só um homem comum e eu sabe qu'a cabeça pertence ao rei. Então eu num toca ela.'

"O rei olha pra cabeça e olha pro homem. Ele diz: 'Como qu'esse animal tem um buraco do cabelo, mas um cabelo não está lá. Conta pra mim onde o cabelo está. Eu vê onde ele arrancado. Quem é que você quer matar?'

"O homem diz: 'Eu num quer matá ninguém. Eu num toca o cabelo. Ess'é a verdade. Se eu toca o cabelo, deixa *in-si-bi-di*' (ou seja, que eu seja entregue ao carrasco. *Insibidi* é o termo para carrasco).

"Bem, eles procura no homem e encontra o cabelo. Então eles julga ele. O dia todo eles conversa um palavrório. Então próximo dia eles conclui ele culpado. Então eles fala ele tem que morrer. Ele um homem mau que qué matá alguém co'o cabelo.

"Por isso, você m'entende, eles amarra ele pelo pé esquerdo e espera pra *aku-ire-usen* (dia do rei, ou grande dia, todas as execuções aguardam até esse dia, apesar de poucas ocorrerem no dia da rainha), então eles leva ele pro lugar do sacrifício.

"O rei vem co'o trono dele e todos os chefes traz o assento deles também. Eles senta e o tambor bate. Fala co'a voz do rei. Então três *insibidi* vem no lugar e dança. Um tem um negócio de colocar na boca que chacoalha. Ele sacode o negócio de colocar na boca que chacoalha. Ele chacoalha o negócio de colocar na boca e canta.

OLUALÊ KOSSOLA

"O que ele canta? Cudjo vai contá pra você:

"'Num grande dia como este, nós mata aquele
Que é mau
Num dia como este nós mata aquele ruim
Que ia comandar o venenoso
do leopardo pra matar a gente.
Num grande dia como este nós mata ele
Que iria matar o inocente?'

"Ele dança um pouco mais co'o tambor e os outros dois dança co'ele. Então ele canta um pouco mais:

"'Uma grande faca que não come nenhum san-
gue se não for sangue humano.
Deixa ela matá ele.
Ela uma ótima faca — ela alimenta a terra
Uma ótima faca que não come nenhum sangue
se não for sangue humano.'

"Eles dança um pouco mai' quando o rei faz sinal, eles dança até o homem onde ele tá amarrado e co'um golpe corta fora a cabeça. A cabeça cai até o chão e a boca trabalha então; ela abre e fecha muitas vezes. Mas rápido, eles coloca um pedaço do pau da bananeira dentro da boca. Então eles consegue abrir a mandíbula quando eles fica pronto. Se eles não faz isso, a mandíbula fecha e eles não consegue fazer abrir mai'.

"O corpo do homem, eles enterra ele no chão. A cabeça, eles coloca ela no lugar de sacrifício co'as outras cabeças.

"O rei volta pra sua aldeia, mas o chefe tem corte todo dia. O dia todo alguém fala pra ele: 'Esse homem toca minha esposa! Esse homem comete adultério!'

"Tudo é feito aberto lá. Não muitos segredos. Quando um homem mata alguém lá, ele é julgado aberto e todos os garotos e homens na aldeia escuta o julgamento.

"Eu num sei por que qu'ele fez isso, mas um homem mata um outro co'a lança. Então eles prende aquele homem e amarra as mãos dele co' corda de palmeira. Então eles pega o homem morto e carrega ele pra praça pública, o mercado, você entende. Então eles envia mensagem pelo tambor pro rei na aldeia onde ele tem que sentar no julgamento e d'cidir o caso. Na Áffica, você m'entende, se alguém rouba ou comete adultério, o chefe da aldeia, ele julga ele. Mas, se um homem mata alguém, então eles manda pro rei e ele vem e d'cide o caso. Por isso, quando esse homem atravessa o peito do outro co'a lança, eles manda avisar pro rei vir.

"O pessoal véio, você m'entende, os sábios, eles sai pra floresta e pega folhas, eles sabe quais, e amassa as folhas co'água. Então eles pinta o homem morto todo co'isso pra ele num estragar até o rei chegar. Talvez o rei num chega lá até o próximo dia. Quando o rei chega, meu avô, ele chega co'ele.

Ante' de qualquer pessoa ver o rei, a gente sabe qu'ele está quase lá, porque a gente ouve o tambor. Quando um chefe pequeno viaja, ele vai em silêncio, mas, quando o rei vai pra qualquer lugar, você m'entende, o tambor vai antes pra avisar as pessoas o rei vem.

"Aquela noite todo mundo senta co'o homem morto, a noite toda, e come carne e bebe vinho de palma e cerveja de banana. Mais tarde no dia seguinte, você m'entende, o rei chega, co'os chefes das outras aldeias, pra ajudar ele a d'cidir o caso. Então o chefe da nossa aldeia, ele saiu pra encontrar o rei. Então ele abate e mata vacas e cabras. É muito tarde aquele dia pra ter um julgamento, você m'entende. Então eles d'cide esperar o dia seguinte. E assim eles fez. O rei, ele usa um assento especial qu'eles traz pra ele e os chefes das outras cidades, eles senta no trono deles em diferentes lugares em vol'da praça.

"O homem morto está deitado no chão no centro onde todo mundo vê ele. O homem que mata ele, ele amarrado onde o povo consegue ver ele também. Por isso eles julga o homem.

"Eles pergunta pro homem onde ele mata esse outro. Ele fala qu'o homem faz juju[1] contra ele então o filio dele

---

1 Juju é um conjunto de saberes e práticas difundido em diversos países africanos, que se baseia no uso mágico-ritual de plantas, artefatos, espíritos, animais. Devido à censura promovida por agentes coloniais e, principalmente, pela moralidade europeia e cristã, a juju passou a ser pejorativamente associada a um amplo espectro de preconceitos acerca do que se convencionou chamar de "magia negra". Asante e Mazama (2009, p. 355) ressaltam que a palavra "juju vem da palavra francesa joujou, que significa 'brinquedo'. Juju pertence ao reino da magia. [...] A magia, e *ipso facto* juju, não é nem boa nem má, mas pode ser utilizada para fins

morreu, e as vacas dele, elas fica doente o tempo todo. O rei diz: 'Se esse homem faz juju contra você, por que você num fala pro chefe e o líder da aldeia? Por que você num fala pro rei? Você num sabe a gente tem lei pra pessoas que faz juju? Num é pra você matar o homem.'

"Então eles conversa e todos os chefes sentando em volta, eles faz pergunta pra ele também.

"Na Áffica a lei é a lei e homem nenhum não pode inventar qu'ele doido como aqui e tem perdão da lei. Se você mata qualquer pessoa, você vai morrê também. Eles vão matá você. Então o rei diz: 'Eu escuta as provas, mas esse homem não tem motivo pra matá aquele outro. Por isso ele deve morrer.'

"O homem fica lá de pé. Ele num chora. Ele num fala. Ele só olha direto pro rei. Então todos os chefes, eles fica em vol'do rei e eles fala junto e ninguém sabe o qu'eles fala além deles. Então todos os chefes, eles volta e senta nos lugares lá de novo. Então os tambores começa a tocar. O grande tambor, Kata kumba, o tambor que fala como um homem, ele começa a falar. E o homem que é *insibidi*, ele começa a

---

construtivos, bem como para a realização de atos nefastos. A juju deriva do sistema de crenças espirituais que emana dos países da África Ocidental, como Nigéria, Benin, Togo e Gana, embora suas suposições sejam compartilhadas pela maioria do povo africano. Para ser mais específico, juju se refere ao poder mágico deliberadamente infundido em um objeto particular. Assim, juju indica que uma determinada coisa foi dotada de propriedades mágicas. No entanto, o objeto juju também se torna conhecido como juju." *In*: ASANTE, Molefi Kete; MAZAMA, Ama. *Encyclopedia of African Religion*. Califórnia: Sage Publications, 2009. (*N. da R.T.*)

dançar. Eles leva o assassino pro centro da praça. O *insibidi*, ele dança. (Gestos.) E, enquanto ele dança, ele presta atenção no olho do rei, e no olho de todos os chefes. Um homem vai dar pra ele o sinal. Ninguém sabe qual vai dar o sinal. Eles d'cide isso quando eles estava cochichando juntos.

"Por isso o carrasco dança até ele recebe o sinal da mão. Então ele dança até o assassino e toca no peito dele co'a ponta do facão. Ele dança pra longe de novo e da próxima vez ele toca o pescoço do homem co'a faca dele. A terceira vez qu'ele toca o homem, outros homens corre e pega o assassino e tira a corda de palmeira e estica ele cara a cara co'o homem morto, e amarra ele apertado pra ele não conseguir se mexer.

"Quando o carrasco toca o assassino co'a faca dele, ess'é o sinal qu'ele já está morto. Então eles prende a corda ao redor do pescoço dele e ao redor do pescoço do homem morto. Eles prende a corda ao redor do corpo dele e ao redor do corpo do homem morto. Eles prende o braço dele e o braço do homem morto co'a mesma corda. A perna dele tá presa como uma junto co'a perna do homem qu'ele matô. Então eles deixa ele lá. O nariz dele é amarrado no nariz do homem morto. Os lábios dele toca os lábios do cadáver. Então eles deixa ele.

"O rei e o chefe conversa palavrório sobr'outras coisas enquanto eles assiste os esforços do assassino.

"Às vezes, se ele ser um homem forte e a pessoa qu'ele mata ser pequena, ele consegue levantar e afastar um pouco do corpo, mas, se o cadáver ser pesado, ele deita bem ali 'té ele morrer.

"Se ele grita por água, ninguém presta nenhuma atenção nele porque ele é morto desde que o facão toca nele pela primeira vez. Então eles diz: 'Como pode um homem morto querer água?' Se ele grita pra ser solto, ninguém presta atenção nele. Eles diz: 'Como pode um homem morto querer ser solto? O outro homem morto num grita. Como pode esse homem gritar?' Então eles deixa ele ali.

"Mas as pessoas assiste até ele morrer também. Quanto tempo leva? Algumas vezes ele morre no dia seguinte. Algumas vezes dois ou três dias. Ele num vive muito. As pessoas consegue aguentar o cheiro de cavalo, de vaca e de outros animais, mas nenhum homem consegue aguentar nas narinas o cheiro de homem podre."

III

— Quando eles julga o homem que rouba o cabelo do leopardo, é o tempo de cortar grama, pra ela não sufocar o milho. Antes a grama estar seca suficiente pra queimar, meu vô, ele fica doente em seu terreno. Como pode ele ficar doente, Cudjo num sabe. Eu um garoto p'queno e eu num sabe por que ele morre.

"Mas Cudjo sabe que seu pai leva ele pro terreno do pai dele. Eu não vi ele depois qu'ele morreu. Eles enterra ele logo pra nenhum inimigo olhar pro rosto dele e fazer mal pro espírito dele. Eles enterra ele dentro da casa. Eles cava o chão de argila e enterra ele. A gente fala no solo da Áffica: 'A gente vive co' você enquanto você vivo, por que a gente não pode viver co' você depois que você morre?' Então, você sabe, eles enterra um homem dentro da casa dele.

"O caixão fica lá como se ele lá dentro. As pessoas chega co' presentes e coloca eles dentro do caixão. A primeira esposa, ela fica na ponta de cima do caixão. Quando alguém chega ela chora. Ela chora co'uma música. As outras esposas, elas se junta e chora co'ela.

"Quando a gente entra, a esposa chefe do meu vô levantou da ponta de cima do caixão e tira o véu do rosto. As outras esposas tira o véu também. A esposa chefe, ela chora muito alto e diz: 'É quarenta anos desde qu'ele casou comigo, e agora você me encontra aqui uma viúva. Ontem mesmo ele estava preocupado co'as esposas dele e as criança e aqui ele deita hoje e não precisa de nada!'

"Meu pai diz: 'Ah, a terra come o melhor de todas as coisas.' Então ele chora também. A esposa chefe, ela chora mais um pouco e as outras esposas chora e sacode a voz: 'Aiai, aiai, aiai!'

"A esposa chefe diz: 'Ele era um homem maravilhoso.' Então meu pai diz: 'Isso é verdade, a terra pode provar isso.'

"Então a gente se ajeita no chão e as esposas cobre o rosto e fica em silêncio.

"Os homens lamenta ele morto também. Eles vêm trazer presentes e olhá no caixão. Eles bebe vinho de palma e canta canção triste pra ele. '*O todo ah wah n-law yah-lee, owrran k-nee ra ra k-nee ro ro.*'

"Então outra pessoa chega e a esposa chefe ela levanta e começa a choração de novo. Isso muito triste. Eles vê a cabeça de todas as esposas é raspada. Eles vê a coberta sobre o rosto. Por isso, você m'entende, todo mundo sente triste.

"A primeira esposa, ela chora e diz:

"'Quanto tempo desde qu'a gente estava casado?
E agora a gente não é nada além de viúva

O marido que sabe como manter mulheres
O marido que sabe como preparar uma casa
O marido que sabe todo segredo de mulheres
O marido que sabe o que é necessário
E dá sem perguntar —

Quanto tempo desde qu'a gente estava casado?
E agora a gente não é nada além de viúva.'

"Elas chama meu vô de valente e palavras de elogio. Então elas chora co'outra canção:

"'Quem sacudir a folha daquela árvore
(um arbusto doce)
A gente ainda cheirando ele.
Quem mata nosso marido,
A gente nunca esquecerá.'

"As esposas chora assim toda vez qu'alguém entra. Quando ninguém entrou elas fica quietas. Dois anos elas deve ficar viúvas. Um ano, elas não toca água no rosto. Elas lava sempre co' lágrimas. No solo da Áffica o luto das mulheres pelo marido é assim, você m'entende.

"O dia todo, a noite toda pessoas chega, e, toda hora alguém chega, as mulheres chora."

Kossula ficou com aquele olhar perdido, e eu soube que ele tinha ficado introspectivo.

Eu me levantei para ir embora.

— Você indo embora muito cedo hoje — comentou ele.

— Sim — eu disse —, não quero gastar minha acolhida aqui. Quero que você me deixe vir e conversar com você de novo.

— Ah, eu num importa você vem me ver. Cudjo gosta de ter compan'ia. Agora eu vai molhar a videira de batatas. Você vê se consegue encontrar pêssego maduro na árvore e pega uns leva pra casa.

Coloquei a escada na árvore e subi até alcançar com facilidade um punhado de pêssegos rosados. Ele me acompanhou até o portão e se despediu graciosamente.

— Num volta antes da semana que vem, agora eu precisa cortá a grama no jardim.

IV

Durante os seis dias entre minhas visitas a Kossula, fiquei com um pouco de receio de que ele se negasse a me receber. Eu havia garantido duas peças de presunto da Virgínia na minha viagem para o sul e, quando apareci diante dele na quinta-feira seguinte, levei uma para ele. Ele ficou mais agradecido do que seu vocabulário permitia expressar, mas li sua expressão facial e foi mais que suficiente. O presunto era para *ele*. Para *nós* eu levei uma enorme melancia, recém-tirada do gelo, e então cortamos ao meio e simplesmente comemos do miolo à casca o quanto fomos capazes.

Por isso foi necessário andar para digeri-la, e ele me levou para conhecer a Igreja Batista Old Landmark, bem no seu portão, onde ele é sacristão.

Melancia, assim como tantas outras coisas maravilhosas na vida, é passageira demais. Aliviamos nosso lastro e retornamos ao alpendre.

— Agora você quer qu'eu conta pra você um pouco mai' sobre o qu'a gente faz no solo da Áffica? Bem, você boa pra mim. Eu num m'importo, eu conta pra você alguma coisa. Muito calor pra trabalhar mesmo.

"Meu pai, ele chama O-lo-loo-ay. Ele não homem rico. Ele tem três esposas.

"Minha mãe, ela chama Ny-fond-lo-loo. Ela a segunda esposa. É isso mesmo. Eu não conta pra você eu o filho da esposa chefe. Isso num é certo. Eu o filho da segunda esposa.

"Minha mãe tem um filho ante' de mim então eu a segunda criança dela. Ela tem mai' quatro criança depois de mim, mas isso num é todas as criança que meu pai tem. Ele tem nove da primeira esposa e três da terceira esposa. Quando as garota casa elas gosta de ver quantas criança elas consegue ter pro marido delas."

— Não existem mulheres estéreis? — perguntei.

— Não, elas todas têm criança do marido delas. Se elas num têm os bebês, elas conversa co'o pessoal véios. Então os véios vai no arbusto e pega as folhas e faz um chá e dá pra garota um pouco pra beber. Então elas têm bebês pro marido delas. Mas algumas vezes a mulher num tem nunca um bebê. Cudjo num sabe (por quê).

"No terreno eu brinco co'as criança que meu pai tem.[1] A gente luta um co'o outro. A gente vê qual consegue correr mais rápido. A gente sobe a palmeira que tem coco nela e a gente come isso, a gente vai na floresta e caça o abacaxi e

---

1 Ver apêndice.

a banana e a gente come isso também. Sabe como a gente encontra as frutas? Pelo cheiro.

"Às vezes nossa mãe fala qu'a gente faz brincadeira suficiente. Elas diz pra gente: 'Isso, isso suficiente? Senta e eu conta pra vocês histórias sobr'os animais, quando eles fala igual pessoas.' Cudjo num sabe do tempo quando os animais fala igual pessoas. O pessoal véio, eles conta isso pra mim. Cudjo gosta muito de ouvir."

Eu disse:

— Gosto de ouvir histórias também. Você se lembra de alguma das histórias que sua mãe te contou?

— Bem — disse Kossula —, eu conta pra você a história próxima vez você vem sentar comigo. Agora eu conta pra você sobre Cudjo quando ele um garoto lá na Áffica.[2]

"Um dia o chefe mandou mensagem pra vila. Ele quer ver todos os garotos qu'acabaram de ver quatorze estações de chuva. Isso faz eu muito feliz porque eu pensa qu'ele vai me mandá pro exército. Eu então quase quinze estações de chuva de idade.

"Mas no solo da Áffica eles ensina os garotos muito tempo ante' de eles ir pro exército. Por isso, você m'entende, quando o garoto perto de quatorze eles começa a treinar ele pra guerra.

"Eles não vai lutar logo. Não, primeiro eles têm que saber como andar no arbusto e ver e não se mostrar. Por isso, primeiro os pais (os mais velhos) leva os garotos em jornada pra caçar. Algumas vezes vai e volta ante' da noite. Algumas vezes duas, três dormidas (noites).

---

2 Ver apêndice com histórias.

"Eles têm que aprender os passos no solo (pegadas). Eles têm que saber se o que eles caça virou pra lá ou pra cá. Eles aprende a quebrá o galho e virá ele pra conseguir encontrar o caminho de volta pra casa. Eles têm que dar nó na folha longa pro pessoal atrás consegue sabê seguir.

"Os pais ensina a gente a saber um lugar pra casa (um acampamento) e como a gente precisa quebrá casca da maior árvore pra outra pessoa que vai correndo (viajando) consegue sabê aquele um bom lugar pra dormi.

"Eu faz a caça muitas vezes. A gente atira as flechas do arco. A gente co'a lança mata os animais e leva eles pra casa co'a gente.

"Eu muito feliz vai ser um homem e lutar no exército como meus irmãos grandes. Eu gosta de tocá tambor também.

"Eles ensina a gente a cantar a música de guerra. A gente canta quando a gente anda no arbusto e faz como se a gente vai lutá contra o inimigo. O tambor fala co'a gente quando a gente canta a música. *'Ofu, ofu, tiggy, tiggy, tiggy, tiggy batim, ofu ofu, tiggy tiggy, tiggy, tiggy batim! Ofu batim en ko esse!'*

("Quando o dia raiar o galo deve cantar
Quando o dia raiar o galo deve cantar
Quando o dia raiar o galo deve cantar
Quando alguém atravessar nosso telhado nós
    devemos
Derrubar uma nação."

O sentido real é: "Quando chegarmos lá devemos fazer nossas exigências e se formos interceptados devemos derrubar a nação que nos desafia.")

OLUALÊ KOSSOLA 101

"Todo ano eles ensina a gente mai' guerra. Mas o rei, Akia'on, diz qu'ele num vai fazer guerra nenhuma.[3] Ele faz

---

3 [Nota da editora: Com base na descrição que Kossola fez do ataque daomeano e em sua pesquisa com o livro *A Mission to Gelele, King of Dahome* [Uma missão para Gelele, rei de Daomé], v. 1, de Richard Burton (Nova York: Frederick A. Praeger, [1894] 1966), Hurston estava convencida de que Takon era a cidade natal de Kossola e, portanto, o rei naquela cidade, Akia'on, deve ter sido o nome do rei de Kossola.

Hurston entendeu que a identidade étnica de Kossola e de seus compatriotas era takkoi, uma variação de "tarkar". Roche (2016) registrou a etnia dos fundadores de Africatown como "tarkar". No entanto, Diouf (2007) relata que não existia essa etnia. O livro de Roche sobre o enclave Africatown se tornou "uma referência obrigatória para jornalistas e outros (...). Como ela entendia que eles eram 'tarkars', essa pseudoetnia tem sido repetida por repórteres, acadêmicos e até mesmo descendentes de africanos". (p. 246).

Acreditando que o nome do grupo étnico era takkoi, Hurston então identificou esse nome "não com uma população, mas com uma cidade aproximadamente sessenta e cinco quilômetros ao norte de Porto Novo, cujo nome original é Itakon, e nome oficial, Takon" (DIOUF, 2007, p. 39). Ao buscar uma conexão linguística entre takkoi e takon (Itakon), e acreditando que o relato de Burton sobre a cidade destruída de Takon era, de fato, um relato sobre a destruição da cidade natal de Kossola, que foi destruída no mesmo período, Hurston estava convencida de que havia descoberto a fonte que corroborava e complementava a narrativa de Kossola.

O historiador Robin Law chegou a uma conclusão semelhante em *Ouidah: The Social History of a West African Slaving "Port", 1727-1892* [Uidá: a história social de um "porto" de escravizados do oeste da África, 1727-1892] (Athens: Ohio University Press, 2004). Ele escreve: "Cudjo foi capturado em um ataque daomeano a sua cidade natal de 'Togo', ou 'Tarkar', provavelmente Takon, norte de Porto Novo." Em uma nota de rodapé que se refere a Burton, ele acrescenta: "A campanha parece idêntica àquela registrada por a gente forte pra ninguém num faz guerra contra a gente. A gente sabe o segredo dos portões então quando o inimigo chega e a gente não sabe qu'eles vem, a gente pode correr pra se escondê no arbusto, então eles não vê ninguém eles vai'mbora. Então a gente vai atrás deles e luta até eles todos mortos.

"Quatro, cinco estações chuvosas fica assim, então eu cresce, alto e grande. Eu consegue correr pra dentro do arbusto o dia todo e não fica cansado."

Kossula parou de falar e encarou a casca de sua melancia. Ainda tinha muita polpa vermelha boa e um quarto ou dois de suco. Olhei para a minha. Eu tinha ainda mais polpa que Kossula. Nada havia sobrado da primeira parcela além de uma agradável memória. Então nós erguemos as metades até nossos joelhos e começamos tudo de novo. O sol ainda estava quente, por isso nos divertimos muito com a tarefa.

Burton contra 'Attako' (Taccow), próximo a Porto Novo: *Mission*, I, 256" (p. 138).

Acreditando que Kossola era da etnia takkoi, convencida de que ele era da cidade de Takon, Hurston estava confiante em chamar o rei de Kossola de "Akia'on". No entanto, conforme Diouf argumenta, "não é possível que Cudjo tenha contado a ela que esse era o nome de seu rei" (2007, p. 39). As conclusões de Hurston a respeito disso são uma exceção em um manuscrito factual. Diouf escreveu: "Ela pode ter confundido algo que Cudjo disse com algo que ela sabia como acadêmica, mas ela fez um esforço genuíno para separar essas duas coisas. Com poucas exceções, a informação fornecida em *Olualê Kossola* pode ser confirmada em outras fontes. Testemunhas, especialistas em culturas iorubá, artigos de jornais contemporâneos e uma abundância de material em arquivo corroboram os eventos diversos na vida de Cudjo, conforme descritos em *Olualê Kossola*." (2007, p. 246).]

OLUALÊ KOSSOLA

Como metades de melancia acabam como tudo mais, e comer uma melancia inteira é o que é, um longo silêncio de saciedade caiu sobre nós.

Quando consegui falar, por algum motivo o termo "juju" me veio à mente, então perguntei a Kossula o que ele sabia sobre isso. Ele pareceu relutante em responder a minha pergunta, mas finalmente o fez.

— Eu conta pra você que que sabe sobre o juju. O que qu'o pessoal véio faz dentro da casa de juju, eu num sabe. Eu não pode contá isso pra você. Eu muito jovem ainda. Isso num chega até mim. Eu sabe que todos os homens grandes eles vai pra montanha uma vez por ano. Isso tem alguma coisa a ver co' tempo, mas que qu'eles faz lá Cudjo num sabe. É isso mesmo. Eu num inventa qu'eu sabe que qu'acontece co'o pessoal adulto. Quando vim da Áffica eu apenas um garoto de 19 anos de idade. Eu tem uma iniciação. Um garoto deve passar por várias iniciações ante' de ser um homem. Eu só iniciei uma vez.

"Um dia eu estava no mercado quando eu vê uma garota bonita passar por mim. Ela tão bonita qu'eu segue ela um pouco, mas eu num fala. A gente num faz isso em Áffica. Mas eu gosta dela. Um homem véio, ele me viu olhá a garota. Ele num diz nada pra mim, mas ele foi pro meu pai e diz: 'Seu garoto está quase estourando o milho. Ele está se tornando um homem e sabe o segredo de homem. Então mata cabras ou uma vaca e deixa a gente preparar um banquete pra ele.' Então meu pai diz: 'Tudo bem.'

"Mas primeiro eles num prepara o banquete pra mim. Eles têm em Áffica um pequeno graveto numa corda e, quando faz girar rápido, ruge feito o leão ou o touro. Eles têm três tipos. Um, eles chama de 'ele', um de 'ela' e um eles chama de cachorro, p'rque eles faz aquilo latir daquele jeito. (Aerofone ou rombo.)

"Nenhuma mulher dev'ouvir essa coisa: se ela ouve, ela morre. Então eles fica do lado de dentro e fecha a porta bem fechada.

"Eles me coloca dentro da casa de iniciação. Depois de um tempo eu ouvi um grande rugido do lado de fora da porta e eles diz pra mim: 'Vai ver onde é isso.' Assim que eu vai pro lado de fora eu num ouvi mais aquilo na porta. O som daquilo bem longe no arbusto. Eles me diz pra ir pro arbusto caçar aquilo. Assim qu'eu vai pro arbusto pra descobrir que qu'aquilo é, eu ouve aquilo atrás de mim. Eu ouve aquilo atrás de mim, na minha frente, por todo lado, mas eu nunca acha. Os homens estão brincando comigo. Muito tempo depois, eles me leva pro banquete e me conta o segredo da coisa que faz o som.

"No banquete eles faz eu sentar e escutar co' respeito. Eles conta pra mim: 'Você está bem abaixo de nós. Você ainda não é um homem. Todos os homens ainda são pais pra você.'

"Tem muita carne assada e vinho no banquete e todos os homens eles belisca minha orelha bem apertado pra me ensinar a guardar os segredos. Então eu pega uma pena de pavão pra usar. Em solo americano eu vê muitas mulieres usar pena de pavão, mas elas num sabe que qu'elas faz. Em solo da Áffica um garoto tem que tê muitos segredos dentro pra ele num falar ante' qu'ele pega a pena de pavão."

V

— Quando eu pega a pena de pavão, eu fica em pé em volta do lugar onde o chefe fala co'os homens sábios. Eu espera eles vê Cudjo e pensa qu'ele é um homem grande. Talvez eles me chama pro conselho. Os pais nunca me chama, mas eu gosta muito de estar lá e escutá quando eles fala.

"Eu gosta ir no mercado também e vê as garotas bonitas co'os braceletes de ouro no braço da mão até o cotovelo. Ah, elas parece muito bem pra Cudjo quando elas anda elas balança o braço então e o bracelete tilinta. Eu gosta de escutar isso, um som muito bonito.

"Um dia eu vê uma garota qu'eu gosta muito pra casar, mas eu muito jovem pra ter uma esposa. Mas eu gosta dela. Eu pensa nela o tempo todo. Por isso eu vai pra casa e fala pro meu povo: 'Cuidado do jeito que você trata essa ou aquela garota.'

"Eles olha pra mim então eles vai pedir pra garota pra ser minha esposa quando eu fica um pouco mais véio.

ZORA NEALE HURSTON

"Um dia por isso eu no mercado, chega três homens que são estranhos pra gente. Eles fala qu'eles de Daomé e eles qué ver nosso rei. O rei diz: 'Tudo bem, ele fala co'eles.'

"Eles diz: 'Você conhece o rei de Daomé?'

"Akia'on diz: 'Eu já ouvi falar dele.'

"Os homens de Daomé diz: 'Então você conhece todos os nomes fortes qu'ele tem. Você sabe ele tem um nome, *Tenge Makanfenkpar*, uma rocha, a unha não consegue arranhar, vê! Você sabe qu'eles fala dele e diz: '*Kini, kini, kini*, Leão dos Leões.' Alguns diz: 'Um animal não corta os dentes, o mal não entra no arbusto.' (O "arbusto" significa os povos ao redor que sentem como os dentes de Daomé são afiados). Esse rei vai pra você e diz qu'ele deseja ser gentil. Por isso você precisa mandá pra ele metade de sua colheita. Se você num manda, ele faz guerra. (Ver nota 1)[1]

---

1 Nota 1: Rei "Gelele (grandeza), ma nyonzi (sem jeito de levantar)" (ou seja, muito pesado para levantar) que assumiu o trono em 1858. Gelele sucedeu a seu pai, Gezo, aos 38 anos, excluindo seu irmão mais velho, Godo, que era um bêbado.

O rei Gelele tem 1,82m de altura e "parece um rei de homens (*Negro*) sem sensibilidade no coração ou fraqueza da mente" (BURTON, 1894, 1966, p. 233).

[Nota da editora: BURTON, 145 n. 2, 131 n. 9, 145. (Porque há várias edições das fontes usadas por Hurston em suas pesquisas, eu mantive o número original das páginas do manuscrito enquanto, em minhas notas de editora entre colchetes, forneci os dados bibliográficos e o número das páginas de referências e citações que Hurston fez como as encontrei nas edições específicas das obras que utilizei.)]

OLUALÊ KOSSOLA

"Nosso rei Akia'on diz: 'Pergunta o seu rei se ele já escuta o nome forte de Akia'on? Eles me chama de Boca do Leopardo? Que ele segura e nunca deixa ir. Fala pra ele qu'a colheita num é minha. Ela pertence ao povo. Eu num pode mandar pegar a colheita das pessoas pra mandar pro rei de Daomé. Ele tem terra suficiente. Que ele pare de fazer caça de escravo em outros povos e faz a colheita dele mesmo.'

"O rei de Daomé num gosta dessa mensagem, mas Akia'on muito forte, ele co' medo de vim e fazer guerra. Então ele espera. (Ver nota 2)[2]

---

2 Nota 2: Os reis do Daomé alegaram que nunca fizeram guerra contra seus vizinhos mais fracos sem serem insultados nem antes de a guerra de punição ser solicitada "por três anos consecutivos" pelo povo. — FORBES (1851). [Nota da editora: FORBES, p. 20-21, 15.]

"Se um povo vizinho se tornasse rico, isso era considerado insulto suficiente para provocar uma declaração de guerra imediata do tribunal do Daomé." (FORBES, 1851, p. 7.)

O rei do Daomé, Gelele, disse que, quando seu pai, o rei Gezo, morreu, ele próprio "recebeu uma mensagem daquele chefe (Akia'on, rei de Takkoi) sobre todos os homens estarem agora verdadeiramente alegres, que o mar secou, e que o mundo tinha visto o fim do Daomé". Gelele respondeu atacando Takkoi e matando Akia'on, "montando seu crânio em um navio (modelo), o que significa que ainda há água suficiente para fazer o reino flutuar e que, se o pai está morto, o filho está vivo". (BURTON, 1894, p. 225-26). [Nota da editora: BURTON, 1966, p. 156.]

É improvável que um rei fraco tivesse arriscado uma mensagem tão provocadora como relatado por Gelele.

[Nota da editora: Embora Hurston tenha se enganado em sua conclusão de que Takon era o nome da cidade natal de Kossola e Akia'on era o nome de seu rei, a cidade de Takon existia e as cir-

"O rei de Daomé, você sabe, ele ficou muito rico pegan'o escravos. Ele mantém o exército dele o tempo todo atacando pra pegá pessoas pra vender então o povo de Daomé num tem nenhum tempo de plantar jardim e fazer comida pra eles mesmos. (Ver nota 3)[3]

"Talvez o rei de Daomé nunca chega a atacar em Takkoi, mas um traidor de Takkoi vai no Daomé. Ele um homem muito mau e o rei (de Takkoi) diz: 'Sai dessa nação.' Aquele homem quer grandes honras no exército então ele vai direto pro Daomé e diz pro rei: 'Eu mostra pra você como ocupa Takkoi.' Ele conta pra eles o segredo dos portões.

"Por isso, você m'entende, eles chega fazê guerra, mas a gente num sabe qu'eles vêm pra lutar contra a gente. Eles

---

cunstâncias em torno do destino de Akia'on conforme ela as relata são precisas.

Por ter acreditado que Akia'on era o nome do rei de Kossola, Hurston pensou que ela havia descoberto a causa final, o "insulto", que instigou o ataque de Glèlè. Considerando que ela não questionou a narração de Kossola dos eventos da invasão do Daomé a sua cidade, ela questionou a crença dele de que a invasão foi o resultado da traição por um cidadão descontente. Talvez Hurston também estivesse procurando o tipo de "razão" provocativa que resultaria no massacre horrível que Kossola descreveu. Seu comentário na nota 6 sugere que esse pode ter sido o caso.

O erro em identificar as circunstâncias relevantes para Takon com aquelas relevantes para Bantè seria fácil de cometer, dado o *modus operandi* estabelecido do rei do Daomé e seus guerreiros.]

3 Nota 3: "Não há incentivo para a indústria e para a agricultura." Os homens são necessitados para caçar pessoas escravizadas. (FORBES, 1851). [Nota da editora: FORBES, 2008, p. 21.]

marcha a noite toda e a gente na cama dorme. A gente num sabe de nada.

"Perto de de manhã quando o pessoal que dorme acorda co'o barulho quando as pessoas de Daomé quebra o Grande Portão. Eu não acordado ainda. Eu ainda na cama. Eu escuta o portão quando eles quebra ele. Eu escuta o grito dos soldados quando eles despedaça o portão. Por isso eu pula da cama e olha. Eu vê os muitos soldados co' fuzil francês na mão e a faca grande. Eles têm as mulheres soldados também e eles corre co'a faca grande e faz barulho. Eles pega pessoas e eles serra o pescoço desse jeito com a faca então eles torce a cabeça e ela sai do pescoço. Ai, Senhô, Senhô!

"Eu vê as pessoas sê morta muito rápido! Os véios, eles tenta fugir da casa, mas eles morto na porta, e as mulheres soldados têm a cabeça deles. Ai, Senhô!"

Cudjo chorou com pesar e cruzou os braços no peito com os dedos tocando os ombros. A boca e os olhos dele escancarados como se ainda pudesse ver aquele espetáculo aterrorizante.

— Todas as pessoas, elas corre pros portões pra conseguir esconder no arbusto, você m'entende. Uns nunca alcança o portão. As mulheres soldado pega os jovens e amarra eles pelo pulso. Nenhum homem consegue ser tão forte igual as mulheres soldados do Daomé. Então elas corta a cabeça. Alguns elas quebra o osso do maxilar enquanto as pessoas num 'tão mortas. Ai, Senhô, Senhô, Senhô! As pobres pessoas co'o maxilar de baixo arrancado do rosto! Eu corre rápido pro portão, mas uns homens de Daomé eles lá também. Eu corre pro próximo portão, mas eles lá também. Eles cerca a cidade toda. Eles em todos os oito portões.

"Um portão parece que ninguém lá então eu acelera e corre na direção do arbusto. Mas o homem de Daomé, eles lá também. Logo qu'eu sai pelo portão eles me agarra e me amarra o pulso. Eu imploro pra eles, por favor, me deixa ir de volta pra minha mãe, mas eles não presta atenção no que eu fala não. Eles me amarra co'o resto.

"Enquanto eles me pega, o rei da minha nação ele sai pelo portão, e eles pega ele. Eles percebe ele é o rei então eles muito feliz. Por isso, você m'entende, eles leva ele pro arbusto onde o rei de Daomé espera co'alguns chefes 'té Takkoi ser destruída, quando ele vê nosso rei, ele diz pros soldados deles: 'Traz pra mim o mudador de palavras (intérprete público).' Quando o mudador de palavras veio ele diz: 'Pergunta esse homem por que ele coloca a fraqueza contr'o Leão de Daomé?' O homem mudou as palavras pra nosso rei. Akia'on escuta. Então ele diz pro rei do Daomé: 'Por que você não luta como homens? Por que você num chega de dia pra qu'a gente pode encontrar cara a cara?' O homem mudô as palavras pro rei de Daomé saber o qu'ele falou. Então o rei de Daomé diz: 'Entra na fila pra ir pra Daomé pras nações podê vê qu'eu conquista você e vende Akia'on no barracão.'

"Akia'on diz: 'Eu num vai pra Daomé. Eu nasci um rei em Takkoi onde meu pai e os pais dele mandavam antes d'eu

OLUALÊ KOSSOLA

nascer. Desde qu'eu me tornei um homem eu comando. Eu morro um rei, mas eu não ser escravo.'

"O rei de Daomé pergunta pra ele: 'Você não vai pra Daomé?'

"Ele diz pra ele: 'Não, ele num sai da terra onde ele é o rei.'

"O rei de Daomé num fala mai'. Ele olha pro soldado e aponta pro rei. Uma soldado mulher se aproxima co'o facão e corta a cabeça do rei fora e pega ela do chão e entrega ela pro rei de Daomé. (Ver nota 4)[4]

"Quando eu vê o rei morto, eu tenta 'scapar dos soldados. Eu tenta chegar no arbusto, mas todos os soldados me alcança ante' d'eu chegá lá. Ai, Senhô, Senhô! Quando eu

---

4 Nota 4: "A única outra peculiaridade no Tribunal era uma fileira de três cabaças grandes, dispostas no chão antes e um pouco à esquerda da realeza. Elas contêm as calvárias dos três chefes entre quarenta reis, ou chefes insignificantes, que dizem terem sido destruídos por Gelele", nos primeiros dois anos de seu reinado (1858-60); "e raramente estão ausentes das reuniões reais. Um europeu imaginaria que essas relíquias fossem tratadas com zombaria; enquanto o contrário é o caso. Portanto, o rei Sinmenkpen (Adahoonzou II) (...) disse ao Sr. Norris: 'Se eu cair em mãos hostis, gostaria de ser tratado com a decência de que dei exemplo.' A primeira caveira foi a de Akia'on, chefe de Attako (Taccow) [Takkoi, um povo nigeriano] perto de 'Porto Novo', que foi destruída há cerca de três anos. Lindamente branca e polida, é montada em um navio ou galé de latão fino com cerca de trinta centímetros de comprimento, com dois mastros e pau de bujarrona, chocalhos, âncora e quatro escotilhas de cada lado, sendo um par localizado no convés superior." A destruição de Takkoi foi justificada pelo rei Gelele com base no fato de que o rei Akia'on insultou a memória de seu pai, o falecido rei Gezo. (BURTON, 1894, p. 225-26.) [Nota da editora: BURTON, 1966, p. 156.]

pensa sobr'aquele tempo eu tenta não chorar mai'. Meus olhos, eles não chora mai', mas as lágrimas corre dentro de mim o tempo todo. Quando os homens me puxa co'eles eu chama o nome da minha mãe. Eu num sabe onde ela está. Eu não vê ninguém minha família. Eu num sabe onde eles está. Eu implora pros homens me deixar procurá meus pais. Os soldados fala eles não têm ouvidos pra choro. O rei de Daomé chega pra caçar escravo pra vender. Então eles me amarra na fila co'o resto.

"O sol está nascendo agora.

"O dia todo eles faz a gente andar. O sol tão quente!

"O rei de Daomé, ele anda dentro da rede e os chefes co'ele eles têm rede também. Pobre de mim eu anda. Os homens de Daomé, eles amarra a gente na fila pra ninguém fugir. Na mão deles eles têm a cabeça das pessoas qu'eles mata em Takkoi. Alguns têm duas, três cabeças eles carrega co'eles pra Daomé.

"Eu tão triste por meu lar qu'eu num fica co' fome naquele dia, mas eu alegre quando a gente bebe a água.

"'Ante' do sol baixar a gente chega na cidade. Tem uma bandeira vermelha no arbusto. O rei de Daomé manda homens co'o mudador de palavras pra cidade e o chefe chega dentro da rede e fala co'o rei. Então ele abaixa a bandeira vermelha e pendura a bandeira branca. Que que eles fala, Cudjo num sabe. Mas ele traz pro rei um presente de inhame e milho. Os soldados faz fogo e cozinha a gororoba e come. Então a gente segue na marcha. Toda cidade o rei manda mensagem.

OLUALÊ KOSSOLA

"A gente dorme no chão aquela noite, mas o rei e os chefes pendura a rede deles numa árvore e dorme nelas. Então nada num machuca eles no chão. Pobre de mim eu dorme no chão e chora. Eu num acostumado co' nenhum chão. Eu pensa também sobre meus pais e eu chora. A noite toda eu chora.

"Quando o sol levanta a gente come e marcha pra Daomé. O rei manda mensagem pra todas as cidades qu'a gente passa e o líder vem. Se eles têm uma bandeira vermelha, isso significa qu'eles concorda eles num vai pagar nenhuma taxa pra Daomé. Eles fala qu'eles vai lutá. Se uma bandeira branca, eles paga pra Daomé o qu'eles pede pra eles. Se uma bandeira preta, isso significa qu'o governante está morto e o filho não véio suficiente pra assumir o trono. No solo da Áffica, quando eles vê a bandeira preta, eles num importa. Eles sabe qu'ia ser se aproveitar da situação se eles faz guerra quando ninguém no comando.

"As cabeças dos homens de Daomé começa a cheirar muito ruim. Ai, Senhô, quem *me dera* eles queima elas! Eu num gosta de ver cabeça de meu povo nas mãos do soldado; e o cheiro faz eu ficar muito enjoado!

"No dia seguinte, eles acampa o dia todo pras pessoas poder queimar as cabeças pra elas não estragar mai'. Ai, Senhô, Senhô, Senhô! A gente tem que sentar lá e vê as cabeças de nosso povo queiman'o numa vara. A gente fica lá naquele lugar os nove dias. Então a gente segue marcha pro solo de Daomé."

Kossula já não estava no alpendre comigo. Ele estava de cócoras pensando no fogo em Daomé. O rosto dele estava se contorcendo em dor abismal. Era uma máscara de horror. Ele havia esquecido que eu estava lá. Ele estava pensando alto e olhando para os rostos mortos na fumaça. A agonia dele era tão aguda que ficou calado. Ele nem notou que eu me preparava para ir embora.

Então saí discretamente, o mais rápido possível, e o deixei com suas imagens de fumaça.

VI

BARRACÃO

Era sábado quando me encontrei de novo com Cudjo. Ele estava gracioso, mas não muito cordial. Ele colheu pêssegos para mim e tentou se livrar de mim rapidamente, mas eu fiquei por lá. Por fim, ele disse:

— Eu não fala pra você não me incomodar no sáb'do? Eu tem que limpar a igreja. Amanhã domingo.

— Mas eu vim te ajudar, Kossula. Não precisa falar, se não quiser.

— Eu agradece você vem me ajudar. Eu quer que você me leva dentro do carro até Mobile. Eu pega pra mim algumas sementes de nabo pra plantar no jardim.

Rapidamente, varremos e espanamos a igreja. Menos de uma hora depois, o Chevrolet havia nos levado a Mobile e nos trazido de volta. Eu o deixei em seu portão com uma breve despedida e voltei a falar com ele na segunda-feira.

Ele estava bastante caloroso nesse dia. Ele brilhava e

reluzia. Primeiro eu preciso contar a ele da moça branca gentil de Nova York que estava interessada nele.[1]

— Eu quer que você escreve pra ela uma carta na Nova York. Conta pra ela Cudjo fala mil vezes muito agradecido. Eu feliz qu'ela manda você perguntá pra mim que que Cudjo faz toda hora.

Eu conversei sobre a mulher por alguns minutos e minhas palavras, evidentemente, agradaram-no, porque ele disse:

— Eu conta mai' pra você sobre Cudjo quando ele estava no Daomé. Eu conta pra você certo. Ela boa pra mim. Você fala pra ela Cudjo gosta de agradar ela. Ela boa pra mim e Cudjo sozinho.

"Eles marcha a gente no Daomé e eu vê a casa do rei. Eu não sei todas as cidades por onde a gente passa pra chegá no lugar onde o rei tem a casa dele, mas eu lembra a gente passa no lugar que chama Eko (Meko) e Ahjahshay. A gente vai pra cidade onde o rei tem a casa dele e eles chama de Lomey. (Ou Abomei ou Cana.) A casa o rei vive sozinho, você m'entende, é feita de osso de crânio. Talvez não seja feita de crânio, mas parece assim pra Cudjo, ai, Senhô. Eles têm o osso branco do crânio numa vara quando eles chega pra encontrar a gente, e os homens que marcha na frente de nós, eles têm a cabeça fresca no alto da vara. O tambor bate tanto que parece todo o mundo é o tambor qu'eles bate.

---

1 [Nota da editora: Charlotte Osgood Mason financiou a segunda viagem de Hurston para o sul. Mason enviava dinheiro regularmente para Kossola e passou a se preocupar com o bem-estar geral dele.]

OLUALÊ KOSSOLA   117

Esse o jeito qu'eles pega a gente no lugar onde o rei tem a casa dele. (Ver nota 5)[2]

---

2   Nota 5: "A cidade (de Abomei) tem aproximadamente treze quilômetros de circunferência, rodeada por uma vala com aproximadamente um metro e meio de profundidade, cheia de acácia espinhosa." Há seis portões com duas caveiras sorridentes no topo das colunas. Dentro de cada portão há "uma pilha de caveiras, humanas, e de todos os animais do campo, até mesmo de elefantes". Os estandartes daomeanos, cada um coroado com uma caveira humana, ficavam bastante evidentes (FORBES, 1851). [Nota da editora: FORBES, [1851] 2008, p. 68-69, 73. "No palácio de Cana, os pés do trono estão sobre caveiras de quatro príncipes conquistados." (CANOT, 1854) [Nota da editora: talvez Hurston tenha utilizado outra edição da obra de Canot na qual a afirmação é uma citação direta. Na edição que segue, uma declaração similar é feita acerca do trono do rei do Daomé: "cada um dos pés está sobre a caveira de algum rei nativo ou chefe." (CANOT, Theodore; MAYER, Brantz. *Adventures of an African Slaver: Being a True Account of the Life of Captain Theodore Canot, Trader in Gold, Ivory and Slaves on the Coast of Guinea* [Aventuras de um escravagista africano: um relato real sobre a vida do capitão Theodore Canot, comerciante de ouro, marfim e pessoas escravizadas na costa da Guiné]. org. Malcolm Cowley. Nova York: Albert and Charles Boni, 1854, 1928; Whitefish, Montana: Kessinger Legacy Reprints, 2012, p. 260.) "No alto das paredes do palácio de Dange-lah-cordeh, à distância de seis metros, há caveiras humanas." (FORBES, 1851, p. 73). [Nota da editora: FORBES, 2008, p. 75.] Nota da autora: pessoas nativas da Nigéria e da Costa do Ouro informaram à autora que é costume carregar para casa as cabeças de todas as pessoas que um guerreiro matou em batalha. Não é permitido que ele fale sobre qualquer vitória, a menos que tenha as cabeças para mostrar. Sr. Effiom Duke, distrito de Calabar, Nigéria, disse que, quando foi deixado na Nigéria, há menos de cinquenta anos, por todo lado havia caveiras tão recentes que ainda tinham cabelo.

118   ZORA NEALE HURSTON

"Eles coloca a gente dentro do barracão e a gente se descansa. Eles dá pra gente alguma coisa pra comer, mas não muito.

"A gente fica lá três dias, então eles faz uma festa. Todo mundo canta e dança e bate tambor.(1)[3]

"A gente fica lá não muitos dias, então eles marcha com a gente pra *esoku* (o mar). A gente passa um lugar que chama Budigree (Badigri) então a gente chega no lugar que chama Duidá. (Os brancos chamam de Uidá, mas Duidá é a pronúncia nigeriana para o nome do lugar.)[4]

"Quando a gente chega no lugar eles coloca a gente dentro de um barracão atrás de uma grande casa branca e eles alimenta a gente co'algum arroz.

"A gente fica lá dentro do barracão três semanas. A gente vê muitos navios no mar, mas a gente não consegue enxergar muito bem p'que a casa branca, ela entre a gente e o mar.

---

3   (1) Há um festival que acontece em maio e junho para homenagear o comércio "com música, dança, cantoria." (FORBES, 1851, p. 16). [Nota da editora: esta nota de rodapé foi datilografada no pé da página 55 do original. Veja FORBES, 2004, p. 18.]

4   [Nota da editora: a descrição feita aqui por Kossola do caminho que ele e seus companheiros fizeram até os barracões em Uidá difere da rota que ele desenhou para Roche (2016, p. 88-89). Uma rota contradiz a outra além de apresentarem problemas logísticos. Diouf sugere duas explicações possíveis: "Pessoas vindas de diferentes regiões faziam rotas distintas que, de alguma maneira, ficaram confusas quando narravam sua marcha até o mar, várias décadas depois; e vagas lembranças. Apesar de Cudjo ter uma excelente memória, uma coisa é lembrar vividamente de eventos indeléveis, tais como o ataque, a marcha ou o barracão; outra coisa é se lembrar do nome de cidades que jamais viu, sobretudo sob circunstâncias como aquelas" (2007, p. 49).]

OLUALÊ KOSSOLA

"Mas Cudjo vê os homens brancos e iss'é uma coisa qu'ele num viu nunca ante'. No Takkoi a gente ouve a conversa sobre o homem branco, mas ele num chega lá.

"O barracão qu'a gente dentro num é a única jaula pra escravo no lugar. Eles têm muitos deles, mas a gente num sabe quem as pessoas dentro das outras jaulas. Às vezes a gente grita uns pros outros e descobre de onde cada um vem. Mas cada nação dentro de um barracão sozinha.

"A gente não muito triste agora, e a gente todos pessoas jovens então a gente brinca e escala a lateral do barracão pra gente ver o que acontece do outro lado.

"Quando a gente lá três semanas um homem branco chega dentro do barracão co' dois homens do Daomé. Um homem, ele um chefe de Daomé e o outro o mudador de palavras pra ele. Eles faz todo mundo ficar de pé em círculo; mais ou menos dez pessoas em cada círculo. Os homens eles mesmos, as mulheres elas mesmas. Então o homem branco olha e olha. Ele olha muito pra pele e pros pés e pras pernas e dentro da boca. Então ele escolhe. Toda vez ele escolhe um homem ele escolhe uma mulher. Toda vez ele leva uma mulher ele leva um homem também. Então, você m'entende, ele leva cent'e trinta. Sessenta e cinco homens co'uma mulher pra cada homem. É isso mesmo.

"Então o homem branco vai s'embora. Eu pensa qu'ele volta pra casa branca. Mas as pessoas de Daomé traz pra gente muita gororoba pra gente comê p'que eles fala qu'a gente vai sair de lá. A gente come o grande banquete. Então a gente chora, a gente triste p'que a gente num quer deixar o resto do nosso povo dentro do barracão. Todo mundo co' saudade de casa. A gente num sabe o que vai ser da gente, a gente num quer ser separado um do outro.

"Mas eles chega e amarra a gente em fila e leva a gente perto da grande casa branca. Então a gente vê muitos navios no mar. Cudjo vê muitos homens brancos também. Eles fala co'os oficiais do Daomé. A gente vê o homem branco que compra a gente. Quando ele vê a gente pronto ele fala adeus pro chefe e entra na rede dele e eles carrega ele e atravessa o rio. A gente anda atrás e caminha na água. Vai até em cima no pescoço e Cudjo pensa uma vez que vai afogar, mas ninguém afoga e a gente chega na terra pelo mar. A praia cheia de barcos dos muitos-custos. (Ver nota 6)[5]

---

5   Nota 6: Termo nativo para zombar dos krus. Eles são desprezados pelos outros povos, porque geralmente são os carregadores dos homens brancos. Eles são chamados de "muitos-custos" porque dizem que muitos krus podem ser contratados pelo custo de um trabalhador decente. Algum comerciante branco foi em terra com vários carregadores kru. Enquanto ele fazia negócios com o rei nativo, os carregadores vagaram pela aldeia e chegaram ao mercado. As meninas, como de costume, não usavam nada acima da cintura. Os homens kru se divertiam beliscando o busto das moças. Quando os homens ouviram falar dessa profanação, correram para o chefe com a informação. Ele disse ao comerciante branco que fosse embora com seus carregadores kru imediatamente ou eles seriam mortos. O homem branco respondeu que os locais não conseguiriam se livrar de seus carregadores, porque eram tão numerosos que os homens locais corriam risco de serem castigados. O rei reagiu perguntando-lhe: "Quantos custos?" Ou seja: "Quanto eles lhe custaram?" Isso não foi uma pergunta, mas um escárnio que

OLUALÊ KOSSOLA

"Os barcos leva alguma coisa pros navios e tira alguma coisa dos navios. Eles vin'o e in'o o tempo todo. Alguns barco têm homem branco dentro; alguns barco têm pobres afficanos dentro. O homem que compra a gente ele entra num barco kru e vai pro navio.

"Eles tira a corrente da gente e coloca a gente dentro dos barcos. Cudjo num sabe quantos barcos leva a gente na água pro navio. Eu no último barco sai. Eles quase deixa eu na praia. Mas quando eu vê meu amigo Keebie no barco eu quer ir com ele. Então eu grita e eles vira pra trás e pega eu.

"Quando a gente pronto pra ir embora no barco kru e ir dentro do navio, os muitos-custos arranca nossa roupa da nossa nação da gente. A gente tenta ficar co'as nossas roupas, a gente num acostumado a ficar sem nossas roupas. Mas eles tira todas de nós. Eles diz: 'Vocês recebe muitas roupas onde vocês in'o.' Ai, Senhô, eu tanta vergonha! A gente chega no solo da 'Mérica pelado e as pessoas diz a gente selvagem pelado. Eles diz a gente num usa roupa nenhuma. Eles num sabe que os muitos-custos tira nossas roupas da gente. (Ver nota 7)[6]

---

significava: "Eles são tão baratos para os matarmos quanto para você os contratar. Deixe apenas mais um de seus muitos-custos beliscar o peito de nossas meninas e todos morrerão." O comerciante branco mudou de ideia e controlou seus rapazes. A história se espalhou e o apelido dos krus pegou.

6 Nota 7: Canot, um famoso comerciante de pessoas escravizadas, disse que tiravam as roupas dos escravizados para limpá-los e cuidar da saúde na Passagem do Meio. [Nota da editora: CANOT; MAYER, 2012, p. 108.]

122   ZORA NEALE HURSTON

"Logo qu'a gente entra no navio eles faz a gente deitar no escuro. A gente fica lá por treze dias. Eles num dá pra gente muito de comer. Eu co' muita sede! Eles dá pra gente pouca água duas vezes por dia. Ai, Senhô, Senhô, a gente co' tanta sede! A água tem gosto azedo. (Vinagre era frequentemente adicionado à água para prevenir escorbuto — CANOT, 1854.)[7]

"No décimo terceiro dia eles coloca a gente no deque. A gente tão fraco a gente num consegue andar sozinho, então a tripulação leva cada um e caminha ao redor do deque até a gente consegui andar sozinho.

"A gente olha, e olha, e olha, e olha, e a gente não vê nada além de água. De onde a gente vem a gente num sabe. Pra onde a gente in'o, a gente num sabe.

"O barco qu'a gente 'tá chamava o *Clotilde*. Cudjo sofre muito naquele navio. Ai, Senhô! Eu tanto medo no mar! A água, você m'entende, ela faz muito barulho! Ela rosna igual as mil bestas no arbusto. O vento tem muita voz na água. Ai, Senhô! Às vezes o navio muito alto no céu. Às vezes ele muito baixo no fundo do mar. Eles diz qu'o mar estava calmo. Cudjo num sabe, parece qu'ele move o tempo todo. Um dia a cor da água muda e a gente enxerga umas ilhas, mas a gente num chega na praia por setenta dias.

"Um dia a gente vê a cor da água mudar e àquela noite a gente para na terra, mas a gente não sai do navio. Eles manda

---

7 [Nota da editora: Ibid., p. 109.]

OLUALÊ KOSSOLA

a gente de volta pra dentro do navio e na manhã seguinte eles traz pra gente o galho verde da árvore então a gente afficano sabe qu'a gente quase no fim da jornada.

"A gente ficou na água setenta dias e a gente fica um tempo deitado dentro do navio até a gente cansado, mas muitos dias a gente no deque. Ninguém num está doente e ninguém num está morto.[8] Capitão Bill Foster um bom homem. Ele não abusa da gente nem trata a gente mal no navio.

"Eles me fala é domingo a gente embaixo no navio e fala pra gente ficar quieto. Capitão Bill Foster, você m'entende, ele co' medo qu'o pessoal do governo no forte Monroe vai capturá o navio.

"Quando é noite o navio move de novo. Cudjo não sabia então que qu'eles faz, mas eles me conta qu'eles rebocaram o navio subindo o rio Spanish até a ilha Twelve-Mile. Eles tira a gente do navio e a gente vai pra outro navio. Então eles queima o *Clotilde* p'que eles co' medo qu'o governo vai prendê eles por levar a gente do solo da Áffica.

"Primeiro, eles dá umas roupas pra gente, então eles leva a gente rio Alabama acima e esconde a gente no pântano. Mas os pernilongos eles muito ruim eles quase come a gente todo então eles levaram a gente pra propriedade do capitão Burns Meaher e dão abrigo pra gente.

---

8 [Nota da editora: de acordo com o relato de Henry Romeyn, em "Little Africa" (1897), "cento e setenta e cinco pessoas escravizadas foram arrematadas [...] Cento e sessenta e quatro pessoas escravizadas foram levadas a bordo. De todas essas, duas morreram na Passagem do Meio (p. 15).]

"Capitão Tim Meaher, ele pega trinta e dois de nós. Capitão Burns Meaher ele pega dez casais. Alguns eles vende pra Bogue Chitto. Capitão Bill Foster ele leva os oito casais e capitão Jim Meaher ele pega o resto.

"A gente sente muito ser afastado um do outro. A gente chora por nosso lar. A gente tirado do nosso povo. A gente setenta dias do outro lado da água do solo da Áffica e agora eles separa a gente um do outro. Por isso a gente chora. A gente num consegue evitar chorar. Então a gente canta:

"'Eh, yea ai yeah, La nah say wu
Ray ray ai yea, nah nah saho ru.'

"Nossa tristeza tão pesada parece qu'a gente num consegue aguentar. Eu pensa que talvez eu morre dormindo quando eu sonha co' minha mãe. Ai, Senhô!"

Kossula ficou sentado em silêncio por um momento. Vi o velho lamento escorrer de seus olhos e o presente assumir seu lugar. Ele olhou ao redor por um instante e então disse sem rodeios:

— Eu cansado de falar agora. Você vai pra casa e volta. Se eu conversa com você o tempo todo eu não consigo arrumá jardim nenhum. Você quer sabê demais. Você pergunta coisas demais. É o suficiente, é o suficiente, vai pra casa.

Eu não fiquei nem um pouco ofendida. Meramente falei:

— Bem, quando eu posso vir de novo?

— Eu manda meu neto e avisa você, talvez amanhã, talvez semana que vem.

VII

ESCRAVIZAÇÃO

— O capitão Jim ele me leva. Ele prepara um lugar pra gente dormi debaixo da casa. Não no chão, você m'entende. A casa é alta pra cima do solo e debaixo tem os tijolos como chão.

"Eles dá pra gente cama e coberta, mas num é suficiente pra mantê a gente aquecido.

"Eles num coloca a gente pra trabalhar logo p'que a gente num entende o que eles fala e como eles faz. Mas os outros mostra como eles faz crescê a plantação no campo. A gente surpreso quando vê uma mula atrás do arado pra puxar.

"Capitão Tim e capitão Burns Meaher faz o pessoal deles trabalhá pesado. Eles têm supervisor co' chicote. Um homem tenta chicoteá uma das mulheres da minha nação e eles todos pula nele e tira o chicote dele e chicoteia *ele* co'o chicote. Ele num tenta nunca mai' chicotear mulher afficana.

"O trabalho muito pesado pra gente fazer p'que a gente num acostumado trabalhá daquele jeito. Mas a gente num fica triste co'isso. A gente chora p'que a gente escravo. Na noite a gente chora, a gente fala qu'a gente nascido e criado pra ser pessoas livres e agora a gente escravo. A gente num sabe por que a gente é levado da nossa nação pra trabalhar desse jeito. Isso estranho pra gente. Todo mundo olha pra gente de jeito estranho. A gente quer falar co'as outras pessoas de cor, mas elas num sabe o qu'a gente fala. Alguns faz graça da gente.

"Capitão Jim, ele um bom homem. Ele não parece co'o irmão dele, capitão Tim. Ele num quer o pessoal dele bate e espanca o tempo todo. Ele vê meus sapatos fica estragados, você sabe, e ele diz: 'Cudjo, se esses os melhores sapatos que você tem, eu traz mai' pra você!' É isso mesmo. Eu não conta mentiras. Ele faz a gente trabalhar pesado, você m'entende, mas ele num faz o pessoal dele trabalhá como o irmão dele. Eles têm duas plantações. Uma no rio Tensaw e uma no rio Alabama.

"Ai, Senhô! Eu 'gradeço qu'eles me liberta! A gente num tem roupa de cama suficiente. A gente trabalha tanto! As mulheres elas trabalha no campo também. A gente não no campo muito tempo. Capitão Jim tinha cinco barcos correndo do Mobile pro Montgomery. Ai, Senhô! Eu trabalha muito pesado! Todo desembarque, você m'entende, eu carrega madeira no barco. Eles têm a carga, você m'entende, e a gente tem que carregar aquilo também. Ai, Senhô! Eu tão cansado. Não dorme. O barco inunda e a gente bombeia tanto! Eles num têm grade no barco e de noite você num

OLUALÊ KOSSOLA

presta muita atenção você cai do barco e afoga. Ai, Senhô! Eu 'gradeço qu'eles me liberta.

"Toda vez qu'o barco para em terra, você m'entende, o supervisor, o chefe chicoteador, ele desce a prancha e fica de pé em terra firme. O chicote preso no cinto dele. Ele grita: 'Rápido aí, você! Corre rápido! Vocês não consegue corrê mais rápido qu'isso? Vocês num têm carga suficiente! Rápido!' Ele corta você co'o chicote, se você num corre rápido bastante pra agradar ele. Se você num pega uma carga grande, ele bate em você também. Ai, Senhô! Ai, Senhô! Cinco anos e seis meses eu escravo. Eu trabalha tão pesado! Parece qu'agora eu vê todos os desembarques. Eu conta todos eles pra você.

"O primeiro desembarque depois de Mobile é a falésia Twenty-One-Mile; o próximo é Chestang; o próximo é a desembocadura do Tensaw; então o Four Guns Shorter; então a gente passa Tombigbee; então o próximo é o monte Montgomery; então o próximo é a falésia Choctaw; então Gain Town; então Tay Creek; então Demopolis; então Clairborne; então Low Peachtree; então Upper Peachtree; então a gente chega nas falésias White; então as falésias Blue; o próximo depois disso é Yellow Jacket. O rio lá ele é raso, o barco às vezes espera a maré. Próximo depois disso é Cahoba; então Selma; então Bear Landing; então Washington; então o último lugar é Montgomery. Eu pensa qu'eu lembra eles, você m'entende, mas eu num fui lá desde 1865. Talvez eu esquece alguns. Num parece qu'eu nunca esquece. Eu trabalha tanto e a gente num teve nada pra dormi, só o chão. Algumas vezes a falésia é tão alta qu'a gente tem que arrastá a madeira pra baixo duas três vezes pra chegar onde o rio está. O vapor não usava queima de carvão. Ele queima a madeira e usa tanta madeira!

"A guerra começa, mas a gente num sabe dela quando ela começa: a gente vê o pessoal branco correndo pra cima e pra baixo. Eles vai na Mobile. Eles sai pra plantação. Então alguém me conta qu'o pessoal lá em cima no norte faz a guerra pra eles libertar a gente. Eu gosta de ouvir isso. Cudjo num quer ser escravo nenhum. Mas a gente espera e espera, a gente ouve tiros de revólver algumas vezes, mas ninguém não vem e conta qu'a gente livre. Então a gente pensa talvez eles luta por alguma outra coisa.

"Os ianques eles em Fort Morgan, você m'entende. Eles lá por causa da guerra e eles num deixa nada passá por eles. Então pobres pessoa, elas num recebe nenhum café e nada. A gente torra o arroz e faz café. Então a gente num tem açúcar, então a gente bota melaço no café. Isso num tem gosto muito bom, você m'entende, mas ninguém não pode fazer nada sobre isso. Capitão Jim Meaher manda falar qu'ele num quer qu'a gente morre de fome, você m'entende, então ele fala pra gente matar porcos. Ele fala os porcos eles dele e a gente dele, e ele num qué nenhum pessoal morto. Por isso você sabe a gente mata porcos quando a gente num consegue pegá nada.

"Quando a gente na plantação no domingo a gente tão feliz qu'a gente num tem nenhum trabalho pra fazer. Então

OLUALÊ KOSSOLA

a gente dança como no solo da Áffica. O pessoal de cor americano, você m'entende, eles fala qu'a gente selvagem e então eles ri da gente e num vem e fala nada co'a gente. Mas o George Liberto, você m'entende, ele um homem de cor num pertence a ninguém. A esposa dele, você m'entende, ela livre há muito tempo. Então ela cozinha pra um homem crioulo e compra George p'que ela casa com ele. George Liberto, ele vem até a gente e fala co'a gente pra não dançar no domingo. Então ele fala pra gente o que domingo é. Antes a gente num sabe o que é. Ninguém no solo da Áffica num fala pra gente do domingo. Então a gente num dança mai' no domingo.

"Sabe como a gente fica livre? Cudjo conta isso pra você. O barco eu nele, ele na Mobile. Todos nós lá pra ir pra Montgomery, mas capitão Jim Meaher, ele não no barco aquele dia. Cudjo num sabe (por quê). Eu num esquece. É 12 de abril de 1865. Os soldados ianques eles desce até o barco e come as amoras das árvores perto do barco, você m'entende. Então eles vê a gente no barco e eles diz: 'Vocês não pode mai' ficar aí. Vocês livre, vocês num pertence a ninguém mai'! Ai, Senhô! Eu tão feliz. A gente pergunta os soldados onde a gente estava indo? Eles diz qu'eles num sabe. Eles fala pra gente ir pra onde a gente tem vontade de ir, a gente num é mai' escravo.

"Graças ao Senhô! Eu certeza fico 'gradecido por eles me libertar. Alguns dos homens eles no vapor em Montgomery e eles teve que vir pra Mobile e desembarcar a carga. Então eles livre também.

"A gente num tem nenhuma mala então a gente faz as trouxas. A gente num tem nenhuma casa então alguém fala pra gente dormi na casa dos empregados. A gente fez isso até a gente poder tê um lugar pra ir. Cudjo num s'importa: ele um homem livre então."

VIII

LIBERDADE

— Depois qu'eles liberta a gente, você m'entende, a gente muito feliz, a gente faz tambor e bate igual no solo da Áffica. Meus conterrâneos chega da plantação do capitão Burns Meaher onde a gente está no Magazine Point, então a gente fica junto.

"A gente feliz qu'a gente livre, mas então, você m' entende, a gente não pode ficar co'o pessoal que não é dono da gente mai'. Por isso onde a gente vai vivê a gente num sabe. Umas pessoas do outro lado da água elas casadas e têm esposa e crianças, você m'entende. Cudjo não casa ainda. No solo da Áffica, quando o homem tem a esposa, ele constrói a casa pra eles vivê juntos e por isso as criança vêm. Então a gente qué construí as casas pra gente, mas a gente num tem terra n'nhuma. Onde a gente vai construí as casas da gente?

"A gente encontra e fica junto e conversa. A gente fala qu'a gente do outro lado da água, então a gente vai voltar de onde a gente vem. Então a gente fala qu'a gente trabalha na escravidão durante cinco anos e seis meses pra nada, agora a gente trabalha por dinheiro e entra no navio e volta pra nossa nação. A gente pensa capitão Meaher e capitão Foster eles deve levar a gente de volta pra casa. Mas a gente pensa qu'a gente economiza dinheiro e compra passagem pra gente mesmo. Então a gente diz pras mulheres: 'Agora todos nós quer ir de volta pra casa. Alguém fala pra gente que precisa muito dinheiro pra levar a gente de volta pro solo da Áffica. Por isso a gente tem que trabalhar muito e guardar o dinheiro. Vocês têm qu'ajudar também. Vocês vê roupas bonitas, vocês não deve desejar elas.' As mulheres fala pra gente qu'elas faz tudo o que pode pra ir de volta pra nação delas, e elas diz pra gente: 'Vocês vê roupas bonitas, não deseja elas também.'

"A gente trabalha muito e tenta guardar nosso dinheiro. Mas é dinheiro demais qu'a gente precisa. Então a gente pensa a gente fica aqui.

"A gente vê que num tem nenhum governante. Ninguém pra ser o pai dos outros. A gente num tem nenhum rei também nenhum chefe como na Áffica. A gente num tenta ter nenhum rei p'que ninguém entre a gente num nasceu nenhum rei. Eles fala pra gente ninguém num tem nenhum rei no solo da 'Mérica. Por isso a gente fez o Gumpa líder. Ele um homem nobre lá em Daomé. A gente num 'tá bravo co'ele p'que o rei de Daomé destrói nosso rei e vende a gente pro homem branco. Ele não fez nada contra'gente.

OLUALÊ KOSSOLA   133

"Por isso a gente fica junto pra viver. Mas a gente diz: 'A gente num 'tá no solo da Áffica mai' a gente num tem n'nhuma terra.' Por isso a gente conversa junto então a gente diz: 'Eles traz a gente pra longe do nosso solo e a gente trabalha pesado cinco anos e seis meses. A gente vai pro capitão Tim e capitão Jim e eles dá pra gente a terra pra gente fazê casas pra gente mesmo.'

"Eles diz: 'Cudjo, você sempre fala bem, então você fala co'os homens brancos e fala pra eles o que os afficano fala.'

"Todos os afficanos a gente trabalha duro, a gente arruma trabalho na serraria e no moinho de pó. Uns de nós trabalha pra ferrovia. As mulheres trabalha também então elas pode ajudar a gente. Elas num trabalha pras pessoas brancas. Elas cuida do jardim e coloca a cesta na cabeça e vai pra Mobile e vende os vegetais, a gente faz a cesta e as mulheres vende elas também.

"Por isso, você m'entende, é um dia não muito depois de eles falar pra mim pra conversá sobre terra pra gente construí nossas casas, Cudjo cortando madeira pra serraria. É um lugar onde a escola é hoje. Capitão Tim Meaher vem sentar na árvore que Cudjo acabou de derrubá. Eu diz, agora é hora de Cudjo conversá por seu povo. A gente quer tanto terra eu quase chora e por isso eu para o trabalho e olha e olha pro capitão Tim. Ele senta na árvore cortan'o lascas co'a faca de bolso. Quando ele num ouve o machado na árvore mai' ele olha pra cima e vê Cudjo em pé ali. Por isso ele pergunta pra mim: 'Cudjo, o que deixa você tão triste?'

"Eu diz pra ele: 'Capitão Tim, eu sofre por meu lar.'

"Ele diz: 'Mas você tem uma casa boa, Cudjo.'

"Cudjo diz: 'Capitão Tim, qual é o tamanho da Mobile?'

"'Eu num sei, Cudjo, nunca fui pros quatro cantos.'

"'Bem, se você dá pra Cudjo toda a Mobile, aquela ferrovia e todos os bancos, Cudjo num vai querer p'que num é lar. Capitão Tim, você traz a gente aqui da nossa nação onde a gente tinha terra. Você fez a gente escravo. Agora eles faz a gente livre, mas a gente num tem nenhum país e a gente num tem nenhuma terra! Por que você num dá pra gente pedaço dessa terra pra gente construí um lar?'

"O capitão levanta e diz: 'Tolo você acha qu'eu vou dar pra vocês propriedade e mais propriedade? Eu cuidava bem dos meus escravos durante a escravidão e por isso eu num devo nada a eles? Você num pertence a mim agora, por que eu devo dar pra você minha terra?'"

"Cudjo fala pra Gumpa juntar as pessoas e ele fala pra eles o que capitão Tim fala. Eles diz: 'Bem, a gente compra pra gente um pedaço de terra.'

"A gente trabalha muito e guarda, e come melaço e pão e compra a terra do Meaher. Eles num tira um cinco centavos do preço pra nós. Mas a gente paga tudo e leva a terra.

"A gente faz Gumpa (Peter Africano) o líder e Jaybee e Keebie os juízes.[1] Então a gente faz leis de como se compor-

---

1 Nos Estados Unidos, a partir do século XIX, muitos municípios foram fundados dessa maneira, constituindo-se legalmente como corporações municipais. Como tais, tornavam-se responsáveis pela

tar. Quando qualquer pessoa faz uma coisa errada a gente faz ela ficar de frente pros juízes e eles fala pra ele que tem que parar de fazer daquele jeito p'que num parece bom. A gente num quer que ninguém rouba, ninguém fica bêbado nem machuca ninguém. Quando a gente vê um homem bêbado a gente diz: 'Olha aí o escravo que bate no seu mestre.' Isso significa qu'ele compra o uísque. É dele e ele deve controlar o uísque, mas o uísque tem controle dele. É isso mesmo, num é? Quando a gente conversa co'um homem que faz errado da próxima vez ele faz aquilo, a gente chicoteia ele.

"Por isso a gente constrói as casas na terra qu'a gente compra depois qu'a gente divide ela. Cudjo pega seis mil metros quadrados como sua parte. A gente num paga pra ninguém construí nossas casas. Todo mundo se junta e constrói a casa um do outro. Então a gente tem casa. Cudjo num constrói nenhuma casa no começo p'que ele num tem nenhuma esposa.

"A gente chama nossa aldeia Affican Town. A gente diz isso p'que a gente quer ir de volta pro solo da Áffica e a gente vê qu'a gente não pode ir. Por isso a gente faz a Áffica onde eles pega a gente. Gumpa diz: 'Meu pessoal me vende e o pessoal de vocês (americanos) me compra.' A gente aqui e a gente tem que ficar.

---

administração e pelo governo local, podendo-se assim estabelecer agências próprias de correios e forças policiais, em razão da autorização concedida pelo estado onde foi constituída a municipalidade. (*N. da R.T.*)

"George Liberto vem ajudar a gente o tempo todo. O pessoal de cor que nasceu aqui, eles encrenca co'a gente o tempo todo e chama a gente selvagem ign'ante. Mas George Liberto o melhor amigo qu'afficanos têm. Ele fala pra gente qu'a gente tem que ter uma religião e juntar à igreja. Mas a gente num quer ser misturado co'os outros pessoal que ri da gente então a gente fala qu'a gente tem muita terra e por isso a gente pode construir nossa própria igreja. Por isso a gente junta e constrói a Igreja Batista Old Landmark. É a primeira por aqui."

Cudjo se despediu de mim dizendo, abruptamente:

— Quando você vem amanhã eu gosta se você me leva na baía pra gente pegá uns siri.

IX

CASAMENTO

Ele estava com seu chapéu surrado quando cheguei no dia seguinte. Sua bengala rústica estava apoiada no batente da porta. Ele a pegou e veio direto para o carro, então saímos. Sem que fosse instigado, ele começou a falar de seu casamento.

— Abila, ela uma mulher, você m'entende, de lá do outro lado da água. Eles chamam ela de Seely no solo americano. Eu quer essa mulher pra ser minha esposa. Ela num é casada, você m'entende, e eu num tem nenhuma esposa ainda. Todo o pessoal da minha nação eles têm família.

"O que Cudjo fala pra qu'essa mulher sabe qu'ele quer casar com ela? Eu conta isso pra você. Eu conta pra você a verdade como ela foi.

"Um dia, Cudjo diz pra ela: 'Eu gosta que você é minha esposa. Eu num tem ninguém.'

"Ela diz: 'O que você quer comigo?'

"'Eu quer casar com você.'

"'Você acha que se eu ser sua esposa você pode tomar conta de mim?'

"'Sim, eu pode trabalhar pra você. Eu num vai bater em você.'

"Não falei nada mais. A gente casou um mês depois qu'a gente concorda entre a gente mesmo. A gente não teve nenhuma cerimônia de casamento. Se era março ou Natal, eu num lembra agora.

"Por isso, você sabe, a gente vive junto e a gente faz tudo qu'a gente pode pra criar felicidade entre a gente.

"Por isso, você m'entende, depois qu'eu e minha esposa concorda entre a gente mesmo, a gente procura religião e se converteu. Então na igreja eles fala pra gente qu'aquilo num é certo. A gente tem que ter casamento co' certidão. No solo afficano, você m'entende, a gente num tem certidão nenhuma. O homem e a mulher eles concorda entre eles mesmo, então eles casado e mora junto. A gente num sabe nada dessa coisa de eles ter certidão aqui nesse lugar. Então aí a gente casô co'a certidão, mas eu num ama minha esposa mais co'a certidão do que eu ama ela antes da certidão. Ela uma boa mulher e eu ama ela o tempo todo.

"Eu e minha esposa a gente tem seis criança juntos. Cinco meninos e uma menina. Ai, Senhô! Ai, Senhô! A gente tão feliz. Pobre do Cudjo! Todo o pessoal deixou ele agora! Eu *tão* sozinho. A gente casado dez meses quando teve o primeiro bebê. A gente chama ele Yah-jimmy, o mesmo como se a gente no solo da Áffica. Pra América a gente chama ele Aleck.

"Na Áffica a gente tem um nome, mas nesse lugar eles fala pra gente qu'a gente precisa de dois nomes. Um pro filho, você m'entende, e então um pro pai. Por isso eu coloca o nome do meu pai O-lo-loo-ay no meu nome. Mas é muito longo pras pessoas chamar. É muito estranho como Kossula. Então eles me chama de Cudjo Lewis.

"Então, você m'entende, a gente dá pras nossas criança dois nomes. Um nome porque a gente não esquece nosso lar; então outro nome pro solo da América pra não ser muito estranho de chamar.

"A próxima criança a gente chama ele de Ah-no-no-toe, então a gente chama ele Jimmy. A próxima o nome é Poe-lee-Dah-oo. Ele um menino também. Então a gente tem Ah-tenny-Ah e a gente chama ele David. O último menino a gente chama ele meu nome, Cudjo, mas o nome afficano dele é Fish-ee-ton. Então minha esposa tem uma menina p'quena e a gente chama ela Ee-bew-o-see, então a gente chama ela Seely, o nome da mãe dela.

"O tempo todo as criança cresce o pessoal americano eles zomba delas e fala qu'as pessoas afficana elas mata o pessoal e come a carne. Eles chama minhas criança de selvagem ign'ante e inventa qu'elas parente de macaco.

"Por isso, você m'entende, meus meninos eles briga. Eles têm que brigar o tempo todo. Eu e a mãe deles num gosta de ouvir nossas criança chamar selvagem. Isso magoa elas.

Por isso elas briga. Elas briga muito. Quando elas chicoteia os outros meninos, os pais deles vêm pra nossa casa e fala pra gente: 'Seus meninos muito maus, Cudjo. A gente co' medo qu'eles vai matar alguém.'

"Cudjo encontra as pessoas no portão e fala pra elas: 'Você vê a cascavel na floresta?' Elas diz: 'Sim.' Eu diz: 'Se você incomoda ela, ela pica você. Se você sabe qu'a cobra mata você, por que você incomoda ela? A mesma coisa co'os meus meninos, você m'entende. Se você deixa os meus meninos quietos, eles não incomoda ninguém!'

"Mas eles continua. O tempo todo: 'Aleck isso, Jimmy aquilo, Poe-lee isso e aquilo. David um menino mau. Cudjo briga co' meu filho.' Ninguém nunca fala que qu'eles faz co'os selvagens afficanos. Eles fala qu'ele num é cristão. Eles conta o qu'os selvagens faz pra eles, como se a gente num pode ficar magoado.

"Nós, afficanos, tenta criar nossas criança certo. Quando eles fala qu'a gente ign'ante, a gente se junta e constrói uma escola. Então o condado manda pra gente um professor. Nós, homens afficanos, num espera como as outras pessoas de cor 'té qu'as pessoas brancas fica pronta pra construir uma escola. A gente constrói uma pra gente então pede qu'o condado manda pra gente professor.

"Ai, Senhô! Eu ama minhas criança tanto! Eu tenta muito ser bom pra nossas criança. Meu bebê, Seely, a única menina qu'eu tem, ela ficô doente de cama. Ai, Senhô! Eu faz qualquer coisa pra salvar ela. A gente chama o doutor. A gente arruma

OLUALÊ KOSSOLA

todos os remédio qu'ele fala pra gente arrumá. Ai, Senhô! Eu
reza, eu fala pro Senhô qu'eu faz qualquer coisa pra salvar a
vida do meu bebê. Ela num tem nem 15 anos. Mas ela morre.
Ai, Senhô! Olha na lápide e vê que que ela diz. O 5 de agosto
de 1893. Ela nasce 1878. Ela num tem tempo nenhum pra
viver ante' de ela morrer. Foi muito duro pra mãe dela. Eu
tenta falá pra ela não chorar, mas eu chora também.

"Essa a primeira vez no solo americano qu'a morte encontra a minha porta. Mas a gente que vem do outro lado
da água sabe qu'ela vem no navio co'a gente. Por isso quando a gente constrói nossa igreja, a gente compra o solo pra
enterrar a gente. É no morro, de frente pra porta da igreja.

"A gente pessoas cristãs agora, então a gente coloca nossa
bebê no caixão e eles leva ela pra dentro da igreja, e todo
mundo chega pra olhar no rosto dela. Eles canta 'Shall We
Meet Beyond de River'. Eu um membro da igreja muito
tempo agora, e eu sabe a letra dessa música co'a minha boca,
mas meu coração ele num conhece isso. Por isso eu canta
dentro de mim: 'O todo ah wah n-law yah-lee, owrran k-nee
ra ra k-nee ro ro.'

"A gente enterra ela no terreno da família. Ela parece tão
sozinha lá; uma menina tão p'quena, você m'entende, qu'eu corri
e construí uma cerca em volta do túmulo pra ela ter porteção.

"Nove anos a gente magoado por causa da nossa bebê.
Então a gente magoado de novo. Alguém que se chama um
xerife adjunto mata o bebê menino agora. (Naquela época)[1]

---

1 Nota 8: Nem Kossula nem a comunidade conseguiram fornecer um

142   ZORA NEALE HURSTON

"Ele fala qu'ele a lei, mas ele num vem prendê ele. Se meu menino fez uma coisa errada, é obrigação dele vim prendê ele como um homem. Se ele bravo co' meu Cudjo por alguma coisa então ele vem brigar co'ele cara a cara feito homem. Ele num vem prendê ele como nenhum xerife e ele num vem brigar co'ele feito homem. Ele trocou palavras co'

---

relato exato sobre o que levou ao assassinato. Um fato, no entanto, está estabelecido: a comunidade, em geral, temia os meninos Lewis.

De acordo com um informante houve várias brigas entre os meninos Lewis e alguns outros garotos, o que se estendeu por um longo período. Havia muita mágoa entre eles a ser resolvida. Os meninos Lewis se sentiam acuados e em qualquer encontro lutavam desesperadamente.

Houve uma briga sangrenta em 28 de julho de 1902, na qual um homem foi morto com um tiro e um foi gravemente ferido com uma faca.

Diziam que foi o jovem Cudjo quem tanto cortou quanto atirou quando assediado por um de seus inimigos. Dizem que o xerife adjunto negro tinha medo de tentar prendê-lo. Ele tentou durante três semanas pegar o jovem desprevenido. Ao falhar nessas tentativas, acabou o abordando escondido na carroça do açougueiro e atirou no jovem Cudjo, que morreu.

[Nota da editora: a Nota 8 foi numerada por engano como Nota 7 no manuscrito original. A Nota 7 de Hurston é uma inserção escrita a mão no verso de um rascunho datilografado do manuscrito, página 28. Como indicado por Hurston, os detalhes não eram precisos. De acordo com Sylviane Diouf (2007) e Natalie Robertson (2008), em janeiro de 1900, Cudjo Lewis Jr. foi condenado pelo homicídio qualificado de Gilbert Thomas, que pode ter sido cunhado do jovem Lewis. Lewis Jr. foi condenado a cinco anos de encarceramento na penitenciária estadual do condado de Jefferson, mas foi transferido para o sistema de trabalho forçado do estado. Ele recebeu indulto em agosto de 1900.

meu garoto, mas ele co' medo de encará ele. Por isso, você m'entende, ele esconde na carroça do açougueiro e quando chega na loja do meu menino Cudjo vai direito pra conversar de negócios. Esse homem, ele esconde na parte de trás da carroça, atira no meu menino. Ai, Senhô! Ele atira no pescoço do meu menino. Ele não tem direito nenhum de atirá no meu menino. Ele inventa que co' medo do meu menino atirar nele e atira no meu menino na loja. Ai, Senhô! As pessoas corre pra me contá meu menino machucado. A gente leva ele pra casa e deita ele na cama. O buraco grande no pescoço. Ele esforça muito pra respirá. Ai, Senhô! Machuca vê meu garoto daquele jeito. Machuca a mãe dele tanto qu'o peito dela fica inchado. Isso me faz chorar p'que machuca Seely muito. Ela fica no pé da cama, você m'entende, e o tempo todo olha no rosto dele. Ela fica falando pra ele o tempo todo: 'Cudjo, Cudjo, Cudjo, bebê, dá uma chicotada no seu cavalo.'

"Ele tão machucado, mas ele responde ela o melhor que pode, você m'entende. Ele conta pra ela: 'Mama, isso é o que eu tenho feito!'

"Dois dias e duas noites meu garoto fica deitado na cama co' barulho na garganta. A mãe dele nunca deixa ele sozinho. Ela olha no rosto e fala pra ele: 'Chicoteia seu cavalo, bebê.'

"Ele reza tudo o que podia. A mãe dele reza. Eu reza *tanto*, mas ele morre. Eu tão triste qu'eu deseja morrer no lugar do meu Cudjo. Talvez eu num reza direito, você m'entende, p'que ele morre enquanto eu rezan'o qu'o Senhô poupa a vida do meu garoto.

"O homem que mata meu menino, ele o pastor da Capela Hay no Plateau hoje. Eu tenta perdoar ele. Mas Cudjo pensa qu'agora ele tem religião, ele deve chegar e me contar qu'o coração dele mudou e implorar que Cudjo perdoa por matá meu filho.

"Só nove anos desde que minha garota morre. Parece qu'eu ainda ouve o sino tocando pra ela, quando ele toca de novo pra meu Fish-ee-ton. Meu pobre menino afficano que nunca num vê solo da Áffica."

X

KOSSULA APRENDE SOBRE A LEI

— Eles num faz nada co'o homem que mata meu filho. Ele um xerife adjunto. Eu num faz nada. Eu um homem cristão na época. Eu um homem doente também. Eu 'cabô de ser machucado pelo trem, você m'entende.

"Cudjo conta pra você como ele fica machucado. Eu conta pra você direitin' como foi. Cudjo num esquece isso. Era março, você m'entende, e eu cuida do jardim. Era 12 de março de 1902.

"Uma mulher me chama, você m'entende, pra arar o campo pra ela. Ela diz: 'Cudjo, eu quer que você ara o jardim pra eu podê plantar batata-doce. Eu paga você.' Eu concorda co'isso.

"Por isso, você m'entende, eu levanta cedo na manhã seguinte e vai arar o jardim pra ela pra então quando eu acaba co'o dela eu pode plantar o *meu* jardim. Eu não termina o jardim dela p'que minha esposa, ela me chama e reclama. Ele fala pra mim: 'Cudjo, por que você vai trabalhá tanto assim ante' de comer o seu café da manhã? Isso num é certo. Você vai passá mal. Eu tem seu café da manhã pronto há muito tempo. Você vem comer.'

"Eu vai pra casa com Seely e come o café da manhã. Então eu pensa que vai chovê então eu d'cide plantar meus feijões. Por isso, você m'entende, eu fala pra minha esposa vem pro campo comigo e me ajuda a plantar os feijões.

"Ela diz: 'Cudjo, por que você me quer no campo? Eu num consigo plantar feijões.'

"Eu fala pra ela vem e espalha o feijão enquanto eu enterra ele. Ela vem comigo e eu mostra pra ela como. Depois de um tempo ela diz: 'Cudjo, você não precisa qu'eu joga feijão nenhum. Você pode trabalhá sem nenhuma mulher por perto. Você me traz aqui pra ter companhia.'

"Eu diz: 'É isso mesmo.'

"A gente num tem feijão suficiente. Então eu fui no mercado e pergunta um homem se tem feijões, mas ele num tem nenhum. Por isso, você m'entende, eu arruma um pouco de carne pra minha esposa e volta pra casa. Então eu alimenta meu cavalo, e minha esposa, ela cozinha. Então eu escovei meu cavalo e começou a chuviscar. Eu para e estuda. Eu num sabe se busca mai' feijões na Mobile ou se espera. Eu d'cide ir buscar os feijões. Por isso, eu pede minha esposa pra me dar dinheiro.

"Ela coloca três dólares no alto da lareira. Eu pergunta pra ela: 'Seely, por que você me dá tanto dinheiro? Eu num precisa de três dólares nenhum.'

OLUALÊ KOSSOLA

"Ela diz: 'Gasta o que você precisa e traz o resto de volta. Eu sabe que você não vai desperdiçá o dinheiro.'

"Então eu prepara o cavalo e vai pra Mobile pegar os feijões. Assim qu'eu pega os feijões eu vira pra voltar pra casa.

"Quando eu chega na Government Street e na Common, lá o módulo L e N da ferrovia, você m'entende. Quando eu chega perto do trilho tem outro equipamento muito lento no meio do trilho. Então eu passa o equipamento e assim qu'eu passa e começa a sair do trilho o trem passa corren'o em mim. Ai, Senhô! Eu grita pra eles pra parar p'que eu ali no trilho, mas eles num para. É uma máquina de motor, você m'entende. Ela corre e bate na carroça e me derruba e machuca meu lado esquerdo. Ai, Senhô. O cavalo fica assustado e foge. Meu menino David encontra ele no dia seguinte e traz ele pra casa.

"Alguém vê qu'o trem bate em mim e ouve eu gritar pra eles parar, eles vêm me levantá e me carrega pro consultório. Ele me dá a morfina. Uma moça branca na Government Street me vê todo machucado e ela vê qu'eu fui cuidado. Quando eu chega em casa ela manda pra mim uma cesta e me visita. Ela diz qu'a ferrovia não tem nenhum direito de esmagar minha carroça e me machucá. Eu na cama catorze dias. Quebraram três costelas. Eles não toca sino nenhum. Eles não toca apito nenhum. Ela diz que vai visitá a empresa. Por isso ela vai no escritório da L e N. O homem lá fala pra ela: 'A gente num vai fazê nada. Era de dia. Ele não enxerga?'

"Quando eu pode saí a mulher fala pra mim qu'arruma um advogado pra mim e ele faz a empresa pagar pra mim por me machucá e destruí a carroça.

"Por isso, eu vai no escritório do advogado Clarke. Ele um grande advogado. Cudjo fala pra ele: 'Eu num pode contratar você. Eu quer que você vai pra empresa. Eu te dá metade.'

"O advogado processa a empresa. No ano seguinte (1903), em janeiro, eles avisa pra eu apresentá no tribunal. O juiz diz: 'O primeiro caso essa manhã é Cudjo Lewis contra a L e N por cinco mil dólares.'

"Eu encara. Eu diz pra mim mesmo: 'Quem fala isso pra ele? Eu não fala que quer cinco mil dólares.'

"O advogado da ferrovia diz: 'A gente num vai dá nada pra ele.'

"Bem, o advogado Clarke fala também. Ele diz eu todo machucado. Eu nunca mai' vô poder trabalhar. Eles tira meu short e olha pro lado esquerdo e o doutor diz: 'Não, Cudjo num pode mai' trabalhar.' Então o advogado Clarke diz qu'a ferrovia tem que cuidar de mim; me aleijou grave.

"O advogado da ferrovia diz qu'eles não vai me dá nada. Eles fala qu'é de dia, Cudjo não tem olhos pra ver o trem grandão?

"O advogado Clarke diz: 'O trem tem um sino, mas eles num tocaram ele. Eles têm um apito, mas eles num sopraram ele. Os trilhos de trem estão bem do outro lado da estrada. Como pode a cidade de Mobile deixá a empresa fazê a rua perigosa e num faz eles pagá quando pessoas se machuca nos trilhos deles?' Ele fala por muito tempo, então a gente sai todo mundo do tribunal pra comê.

"Eu cansado, então eu pensa vai pra casa. Eu vai pegá carne no mercado pra levar pra casa pra Seely. David, ele fica no tribunal. Ele sabe o mercado qu'eu gosta e por isso ele corre pra me pegá no mercado ante' d'eu ir pra casa e fala pra mim: 'Papai, o juiz dá pra você seiscentos e cinquenta dólares da empresa. O advogado diz pra você ir amanhã e pegá seu dinheiro.'

"Eu num vai no dia seguinte, mas eu manda David. O advogado fala qu'é muito cedo. Vem de volta semana que vem. Bem, eu manda e manda, mas Cudjo não recebe dinheiro nenhum. Em 1904 a febre amarela chega na Mobile e o advogado Clarke leva sua esposa e suas criança e sobe no trem pra ir pra Nova York pra longe da febre, mas ele nunca chega no norte. Ele morre no caminho. Cudjo nunca sabe que que acontece co'o dinheiro. Sempre é um mistério como qu'eu não morto quando o trem em cima de mim. Eu agradece a Deus eu vivo hoje.

"As pessoas vê qu'eu num consegue trabalhar mai', então elas faz eu o sacristão da igreja."

XI

Os amigos de Cudjo na baía pescaram maravilhosos siris-
-azuis para nós. Deixamos essas pessoas no fim da tarde com
uma longa despedida. No caminho de casa vimos alguns be-
los melões maduros em frente a uma loja e compramos dois.
Deixei um melão na varanda dele e levei o outro comigo.

No portão, ele me chamou:

— Você vem amanhã e come o siri comigo. Eu gosta que
você vem e me faz comp'nhia!

Então, no dia seguinte, por volta de meio-dia, eu estava
sentada nos degraus dele, entre os barris de água de chuva,
comendo siri. Quando os siris acabaram, a gente conversou.

— Deixa Cudjo contá pra você do nosso menino, David.
Ele um menino muito bom. Cudjo num esquece aquele dia.
Era sábado de Aleluia. Ele chega em casa, você m'entende, e
me encontra varren'o a igreja. Eu já era o sacristão há muito
tempo. Então ele pergunta pra mim: "Papai, cadê mamãe?"

"Eu fala pra ele: 'Ela dentro de casa.'

"Por isso, ele vai pra dentro de casa, você m'entende, e
pergunta pra mãe dele o que ela vai fazê pro jantar. Ela fala

pra ele qu'ela tem peixe assado. Ele diz: 'Ah eu muito feliz a gente tem peixe assado. Dá meu jantar rápido.' A mãe dele pergunta pra ele: 'Quando você já me vê dar qualquer coisa pra você ante' do seu pai?' Ele diz: 'Nunca.' Ela diz: 'Você toma seu banho e então talvez depois disso seu pai aqui pra comê o jantar dele.'

"O garoto corre pra fora pra me falar pra apressar pra ele ganhá alguma coisa pra comer. Ele co' fome. Eu corta madeira então ele pega o machado e corta a madeira ele mesmo. Eu diz: 'Continua, filho, eu ainda num ser fraco. Eu consegue cortar essa madeira!' Ele diz: 'Não, eu num quero que você corta madeira e eu bem aqui e forte.' Por isso, ele corta a madeira e carrega ela pra casa onde a mãe dele pode pegá ela.

"Então a gente come nosso jantar e David se lava e a mãe dele separa roupas limpas pra ele vestir. Ele veste a camisa de baixo, mas ele num tem a camisa de cima. Ele num tem nenhum botão na camisa de baixo então eu e a mãe dele vê a carne. Então eu diz: 'Filho, fecha sua roupa pra sua mãe não ver sua pele.' Ele olha pra si e depois pergunta pra mim: 'Quem me viu pelado primeiro? Minha mãe.' Então ele ri e coloca o resto das roupas. Ele diz: 'Papai, mamãe, eu vai pra Mobile e pega a roupa na lavanderia. Então eu tem roupas limpas.'

"Eu pergunta pra ele: 'Quanto tempo ante' de você vir da cidade?' Ele diz: 'Não muito. Talvez eu pega o mesmo carro pra voltar.'

OLUALÊ KOSSOLA

"Então ele vai e deixa a casa.

"Depois de um tempo a gente ouve alguém, eles chega rindo e falando. Seely diz: David está co'um amigo co'ele.' Eu olha pra ver quem está co' David, mas não é David.

"Dois homens vêm me falar: 'Tio Cudjo, seu garoto morto em Plateau.'

"Eu diz: 'Meu garoto não em Plateau. Ele na Mobile.' Eles diz: 'Não, o trem mata seu garoto em Plateau.'

"Eu fala pra eles: 'Como pode o trem matar meu David em Plateau quando ele não lá? Ele foi pra Mobile pra pegá roupa na lavanderia. Ele volta daqui a pouco.'

"Seely diz: 'Vai ver, Cudjo. Talvez aquele não nosso garoto. Vai ver quem foi morto.'

"Então eu pergunta pros homens: 'Onde aquele homem foi morto você conta pra mim?'

"Eles diz: 'No trilho do trem em Plateau.'

"Por isso, você m'entende, eu vai seguir as pessoas. Então eu chega no lugar co'a grande multidão em volta olhan'o.

"Eu passa pela multidão e olha. Eu vê o corpo do homem perto do poste de telégrafo. Num tem cabeça nenhuma. Alguém me fala: 'Ess' é seu garoto, tio Cudjo.' Eu diz: 'Não, não meu David.' Ele lá perto do cruzamento. Uma mulher ela olha pra mim e pergunta 'Cudjo, qual filho seu é esse?' e ela aponta pro corpo. Eu fala pra ela: 'Esse filho meu nenhum. Meu garoto vai pra cidade e vocês todos fala pra mim que meu garoto morto.'

"Um homem aficano chega e diz: 'Cudjo, ess' é seu garoto.'

"Eu pergunta pra ele: 'É mesmo? Se é meu garoto, cadê a cabeça?' Ele me mostra a cabeça. Ela no outro lado do trilho. Então ele me leva pra casa.

"Alguém me pergunta: 'Cudjo, seu garoto morto. Devo tocar o sino pra você? Você o sacristão. Você toca o sino pra todo mundo, você quer qu'eu toca pra David?'

"Eu pergunta pra ele: 'Por que você quer tocar o sino pra David? Ele num está morto.'"

"O homem afficano fala pras pessoas pegar o corpo e carregá pra casa. Então eles pega uma veneziana de janela e carrega o corpo nela e leva ele até o portão do Cudjo. O portão, ele muito pequeno, então eles levanta ele acima do portão e coloca ele na varanda. Eu muito preocupado. Eu deseja muito meu David voltar da cidade pras pessoas parar de falá que meu filho na veneziana.

"Quando eles coloca a veneziana na varanda, minha esposa ela grita e cai. O homem afficano diz de novo: 'Cudjo, ess'é seu garoto.' Eu diz: 'Se esse meu garoto, fala pra mim cadê a cabeça.' Eles trouxe ela numa caixa e eu olha pra baixo, pro rosto de David. Então eu diz pra multidão: 'Sai da minha varanda! Sai do meu quintal!' Eles saíram. Então eu cai e abre a camisa e coloca a mão e sente as marcas. E eu sabe qu'é meu filho. Eu fala pra eles tocar o sino.

"Minha esposa olha no meu rosto e ela grita e grita e cai no chão e num consegue levantar sozinha. Eu corre pra fora e cai de cara no pinhal. Ai, Senhô! Eu fica lá. Eu co' tanta dor. Dói muito ouvir Seely chorar. Aqueles que vieram do outro lado da água vêm até mim. Eles diz: 'Tio Cudjo, volta pra casa. Sua esposa quer você.' Eu diz: 'Fala pra Seely num gritar mai'. Eu num consegue suportar isso.'

"Ela promete pra mim qu'ela não grita se eu voltar pra casa. Então eu voltei pra casa. Eu pergunta o amigo: 'Cadê a cabeça.' Ele diz: 'Ali dentro da caixa de papelão.' Eu conta pra ele: 'Eu quer que você coloca lá no pescoço e amarra pra quando as pessoas chega de manhã eles não vão saber.'

"Meu amigo ele amarrou a cabeça pra num parecer qu'ela cortada fora. Por isso, no dia seguinte, quando as pessoas vêm olhá no rosto dele, ele parece direitin' como ele dorme.

"O sino toca de novo.

"Nossa casa ela muito triste. Parece que toda a família co' pressa pra sair e dormir no morro.

"Poe-lee muito bravo p'que os trilhos do trem mata seu irmão. Ele quer qu'eu processa a empresa. Eu pergunta pra ele: 'Pra quê? A gente num conhece as leis do pessoal branco. Eles fala qu'eles num paga você quando eles machuca você. O tribunal fala qu'eles têm que pagar você o dinheiro. Mas eles num fizeram isso.' Eu muito triste. Poe-lee muito bravo. Ele diz qu'o xerife adjunto mata o irmão caçula dele. Então o trem mata David. Ele quer fazer alguma coisa. Mas eu num tem nenhuma malícia. A Bíblia diz não. Poe-lee fala que no solo afficano não é como no americano. Ele num está na Áffica, você m'entende, mas ele ouve o que a gente conta pra ele e ele pensa que melhor do que onde ele está. Eu e a mãe dele tenta falar co'ele e fazer ele satisfeito, mas ele num quer ouvir nada. Ele fala quando ele um garoto, eles (as crianças estadunidenses negras) briga co'ele e fala qu'ele um selvagem. Quando ele vira um homem eles trai ele. O trem machuca o pai dele e num paga ele. Os irmãos dele é morto. Ele num ri mai'.

"Bem, depois de um tempo, você m'entende, um dia ele diz que vai pescá uns peixes. Alguém vê ele ir na direção do riacho Twelve Mile. Senhô, Senhô! Ele nunca mais volta."

Houve um silêncio, uma pausa lúgubre, durante a qual não pude fazer nada além de esperar de olho no cinamomo para não parecer inadequadamente invasiva. Por fim, ele voltou para mim.

— Desculpa eu num consegue evitar eu chora. Eu co' saudade do meu garoto. Cudjo sabe qu'eles não faz no solo americano como eles faz do outro lado da água, mas eu num consigo evitar isso. Meu garoto partiu. Ele num está na casa e num está no morro co'a mãe dele. Nós dois sente falta dele. Eu num sei. Talvez eles mata meu garoto. É um mistério. Muitas das pessoas elas odeia meu garoto p'que ele como os irmãos dele. Eles num deixa ninguém abusar deles como se eles cachorros. Talvez ele no solo afficano como alguém fala. Pobre do Cudjo tem saudade dele, mas Cudjo num sabe.

"Eu tenta ser muito bom pra Seely. Ela a mãe, você m'entende, e por isso, você sabe ela fica de luto profundo pelas criança dela. Eu sempre tenta agradar ela, você m'entende, mas, quando a gente só tem mais duas criança co'a gente,

OLUALÊ KOSSOLA

eu num consigo aguentar ver ela parece que vai chorar toda hora. A gente só tem mais um filho na casa co'a gente, p'que Aleck, qu'é o mais véio, você m'entende, ele casado e vive co'a esposa dele. A gente constrói pra ele uma casa bem no quintal, como no solo afficano.

"Parece qu'a gente num chora o suficiente. A gente num para de chorá. Em novembro nosso Jimmy chega em casa e parece que num sente muito bem então eu pergunta pra ele: 'Filho, você fica doente? Eu num quer que você vai trabalhá enquanto você num sente bem.' Ele diz: 'Papai, num tem nada errado comigo. Eu num sinto muito bem.' Mas no dia seguinte ele chega em casa doente e a gente coloca ele na cama. Eu faz tudo o que pode e a mãe dele fica acordada co'ele a noite toda. A gente chama o médico e faz o que ele fala, mas nosso garoto morre. Ai, Senhô! Eu bom pra minhas criança! Eu quer a comp'nhia delas, mas parece qu'elas co' saudade uma da outra. Então elas corre e dorme juntas no cemitério. Ele morre seguran'o a minha mão.

"Quando a gente volta do enterro, num tem ninguém na casa além de eu e Seely. A casa era cheia, mas agora é vazia. A gente pessoas velhas agora e a gente sabe qu'a gente num vai mai' ter criança. A gente tão sozinho, mas a gente sabe qu'a gente não consegue trazê de volta o morto. Quando o cuspe sai da boca, ele num volta. Quando a terra come, ela num devolve. Então a gente tenta fazer comp'nhia um pro outro e ser feliz.

"Eu ainda o sacristão da igreja. Está crescendo, vai ser uma igreja grande agora. A gente chama ela de Igreja Batista

Old Landmark, p'que é a primeira na Afficky Town. Eles não constrói mai' igrejas batistas agora, mas a nossa, ela a primeira.

"Minha esposa ela me ajuda co' tudo o que pode. Ela num me deixa me esforçá pra eu não doê o lado onde o trem bateu em mim.

"Um dia a gente planta, no dia seguinte a gente colhe, então a gente segue."

Antes de partir, tive a permissão de Kossula para fotografá-lo.[1] Mas ele me proibiu de voltar nos próximos três dias. Uma vaca havia atravessado a cerca dele e estava comendo as videiras de batatas.

Foi em uma tarde quente de sábado que tirei uma foto de Kossula.

— Estou feliz que você tira minha foto. Eu quer ver como eu pareço. Uma vez, muito tempo atrás, alguém vem aqui tirá minha foto, mas eles nunca me dá uma. Você me dá uma.

Concordei. Ele entrou para se vestir para a foto. Quando saiu, vi que colocou seu melhor terno, mas tirou os sapatos.

— Quero ficar igual eu na Áffica, p'que é lá qu'eu quero estar — explicou ele.

Ele pediu para ser fotografado no cemitério também, entre os túmulos da família dele.

---

1 [Nota da editora: Hurston fotografou Kossola e também o filmou, o que pode ser visto em "Zora Neale Hurston: Jump at the Sun" [Zora Neale Hurston: um salto para o Sol] (2008), produção de Kristy Andersen para a série *American Masters*, da PBS.]

XII

SOZINHO

— Uma noite Seely acorda no meio da noite e diz: "Cudjo acorda. Eu sonha co' nossas criança. Parece elas co' frio." Eu fala pra ela qu'ela pensa demais. Volta a dormir. Dói em mim p'que é uma noite fria em novembro de 1908 e lembro que Seely costumava ver as criança quando elas eram pequenas pra ver se elas têm cobertor suficiente, pra ficar aquecida, você m'entende. No dia seguinte, ela diz: "Cudjo, vamos sair pra ver nossas criança no túmulo." Então eu diz que sim, mas eu tenta não levar ela p'que eu co' medo qu'ela preocupada co'eles. Então eu vai pra igreja e finge qu'eu ocupado pra ela esquecê o cemitério. Quando eu sai da igreja, eu não vê ela em lugar nenhum, então eu olha do outro lado do morro e vê ela no terreno da família. Eu vê Seely in'o do túmulo de uma das criança dela pra outro, como se ela cobre elas co' mai' cobertor.

"Na semana seguinte minha esposa me deixa. Cudjo num sabe. Ela num estava doente, mas ela morre. Ela num quer me deixar. Ela chora p'que não quer eu solitário. Mas ela me deixa e vai pra onde as criança dela. Ai, Senhô! Senhô! A esposa ela os olhos pra alma do homem. Como eu pode enxergar agora qu'eu não tem olhos mai'?

"No mês seguinte meu Aleck ele morre. Então eu igual eu vem do solo da Áffica. Eu tinha ninguém, a não ser a nora, Mary, e a neta. Eu fala pra ela, ela é esposa do meu filho então ela fica no terreno e ela fica co'a terra quando eu vai embora com Seely e nossas criança.

"Véio Charlie, ele o mais véio vem do solo da Áffica. Um domingo depois minha esposa me deixou ele vem co' todos os outros que vem do outro lado da água e diz: 'Tio Cudjo, conta uma parábola pra gente.'

"'Bem, então', eu diz, 'vocês vê o véio Charlie ali. S'põe qu'ele para aqui no caminho pra igreja. Ele tem guarda-chuva p'que ele pensa que vai chovê quando ele sai de casa. Mas ele olha pro céu e conclui que não vai chovê então ele deixa perto da porta e sai pra igreja. Depois da missa ele volta pra casa p'que ele pensa qu'o guarda-chuva na casa do Cudjo. Está seguro. Ele diz: 'Eu pega da próxima vez que vai nessa direção.' Quando ele volta pra casa ele diz pra um filho: 'Vai na casa do Cudjo e fala pra ele qu'eu diz mandá meu guarda-chuva pra mim.'

"'O guarda-chuva é bonito. Eu quer ficar com aquele.' Mas eu pergunta pra eles todos: 'É certo ficar co'o guarda-chuva?' Eles todos fala: 'Não, é do Charlie.'

"'Bem', eu diz, 'minha esposa ela pertence a Deus. Ele deixou ela na minha porta.'

OLUALÊ KOSSOLA

"Eu 'gradecido aos homens da minha nação qu'eles vêm me ver quando eles sabe qu'eu sozinho. Outro momento eles vêm até mim e diz: 'Tio Cudjo, conta outra parábola.'

"Eu baixa a cabeça nas minhas mãos, depois levanta de novo. (Gesto característico dele de quando começa a contar uma história.) Então eu fala. 'Eu num sabe... eu e minha esposa, a gente viaja. Eu acha qu'a gente vai pra Mount Vernon. O condutor vai até ela e diz: 'Senhora, onde a senhora vai descê?' Ela diz: 'Plateau.'

"'Eu olha pra ela. Eu diz: 'Como você fala que vai descer em Plateau? Pensei que você in'o pra Mount Vernon comigo.'

"'Ela balança a cabeça. Ela diz: 'Eu num sei. Eu só sei qu'eu desce em Plateau. Eu num quer deixar você, mas eu tem que descer em Plateau.'

"'O condutor buzina uma vez. Ele buzina duas vezes e minha esposa diz: 'Tchau, Cudjo. Eu detesto deixar você.' Mas ela desce em Plateau. O condutor vem até mim e pergunta: 'Senhor, onde o senhor vai descer?'

"'Eu fala: 'Mount Vernon."

"Eu viajando ainda. Quando eu chega em Mount Vernon, eu não fala co' você mai'.'"

Passei dois meses com Kossula, que é chamado de Cudjo, tentando encontrar respostas para minhas perguntas. Em alguns dias nós comíamos uma grande quantidade de pêssegos clingston e conversávamos. Às vezes, comíamos melancia e conversávamos. Uma vez foi uma grande bagunça de siris no vapor. Às vezes nós só comíamos. Às vezes nós só conversávamos. Outras vezes nenhum dos dois era possível, ele só me mandava embora. Ele queria trabalhar no jardim ou consertar as cercas. Não podia ser incomodado. O presente era muito urgente para deixar o passado se intrometer. Mas, de modo geral, ele ficava contente em me ver, e nos tornamos bons amigos.

No fim, nosso laço ficou forte o suficiente para ele desejar ir comigo para Nova York. Foi uma manhã muito triste em outubro, quando disse meu último adeus e olhei para trás pela última vez, para a figura solitária que estava em pé na beira do morro em frente à rodovia. Ele estava na frente de sua residência que fica acima da rodovia Cochrane, que leva à ponte de mesmo nome. Ele queria me ver até o último momento. Ele tinha guardado dois pêssegos, os últimos que encontrou na árvore, para mim.

Quando cruzei a ponte, sei que ele voltou para seu alpendre; para sua casa, cheio de pensamentos. Para suas memórias de garotas gordas com braceletes dourados tilintando, para seus tambores que falam o que está na mente dos homens, para o bolo de noz de palma e para aerofones, para as parábolas dele.

Tenho certeza de que ele não teme a morte. Apesar de cristão há bastante tempo, ele é pagão demais para temer a morte. Mas ele é dominado por uma temerosa reverência diante do altar do passado.

Apêndice

TAKKOI OU ATTAKO
JOGO INFANTIL

Jogo de memória para dois jogadores. Um jogador (A), que é quem faz o teste, agacha-se de frente para o diagrama que está desenhado no chão. O outro jogador, cuja memória será testada, agacha-se de costas para a figura. Um grão de milho é colocado em cada um dos 3 círculos entre as linhas. Cada uma das linhas (1, 2, 3) tem um nome.

N° 1: Ah Kinjaw Mah Kinney
N° 2: Ah-bah jah le fon
N° 3: Ah poon dacre ad meejie

Jogador A aponta para a linha 1 (no W), e jogador B diz: "Ah Kinjaw Mah Kinney." Jogador A aponta para a linha 2, e B diz: "Ah-bah jah le fon." A segue para a linha 3, e

B diz: "Ah poon dacre ad meejie." Então A aponta para o círculo Nº 1, e B diz: "Milho." A retira o grão de milho do círculo e retorna à linha 1 no W. B fala o nome novamente. A vai para as linhas 2 e 3 como anteriormente, então para o círculo 1. B diz: "Não tem milho." Então A aponta para o círculo 2, e B diz: "Milho." A remove o milho do círculo 2 e retorna para as linhas 1 (W), 2 e 3, e B fala os nomes como anteriormente. Então A vai para o círculo 1, e B diz: "Não tem milho." Para o círculo 2, e B diz: "Não tem milho"; para o círculo 3, e B diz: "Milho." O milho é removido do círculo 3 e A retorna para a linha 1 em W e passa pelas três linhas e círculos como antes. Obviamente, se B se lembrar de que não há milho em nenhum dos círculos, A então aponta para linha 1 em X, e B diz: "Ah Kinjaw Mah Kinney"; então o jogador A vai para as linhas 2 e 3 e depois para o círculo 1, entre X e Y, e B diz: "Milho." A remove o milho e retorna à linha W e passa pelos círculos vazios até as linhas em X e o círculo vazio. B diz: "Não tem milho"; e A segue para o próximo círculo, onde B diz: "Milho." O milho é removido então de volta à linha 1 em W e o jogo continua até que os doze círculos estejam vazios, sem milho, se a memória do jogador B for boa o suficiente.

Outro jogo parece ser similar tanto ao bilhar quanto ao boliche. Três bolas são arrumadas dentro do rack, o jogador se afasta e as derruba com sete bolas nas mãos. A bola de cima deve ser atingida por último com a sétima bola arremessada.

OLUALÊ KOSSOLA

HISTÓRIAS QUE KOSSULA ME CONTOU[1]

Não há janelas na casa de Kossula. Era um dia frio de dezembro e a porta estava fechada. O pouco de luz vinha dos nós de pinho na lareira. É precária, mas atende muito bem às necessidades dele. Há dois pedaços de ferro apoiados inclinados em cada parede lateral interna da lareira. É uma ideia africana trazida para os Estados Unidos. Eles são colocados lá para apoiar prateleiras para secar peixes. Kossula fuma bastante e embucha o cachimbo com muita frequência. Ele mesmo fez o corpo de todos os seus cachimbos para evitar que o fogo caia enquanto ele trabalha. As tampas dos cachimbos são outra evidência da característica rudimentar, da autoconfiança de pessoas que vivem sem a influência de maquinaria.

Há algo dentro do bule de ferro borbulhando entre os carvões. Comemos um pouco do ensopado e achamos delicioso. É um tipo de ensopado de todas as carnes picadas de alguma forma.

Kossula acende o cachimbo outra vez.

— Você quer qu'eu conta pra você história sobre a Áffica? Eu num esquece tudo aquilo. Eu estou no solo americano tem sessenta e nove anos agosto passado. Tem muito tempo

---

1 [Nota da editora: no apêndice 3 de *Every Tongue Got to Confess: Negro Folk-tales from the Gulf States* [Toda língua precisa confessar: narrativas folclóricas negras da costa do golfo] (HURSTON, 2001), há uma lista de histórias que Hurston coletou de Kossula.]

166 ZORA NEALE HURSTON

eu tive alguém co' quem conversar, eu esquece. Você não fica brava com tio Cudjo se ele esquece, Baby? Eu não ia magoar você por nada nesse mundo.

Garanti que jamais poderia ficar com raiva dele, mesmo se jamais se lembrasse de uma palavra, mas, sim, agradeceria muito por aquilo que lembrasse. Sentamos em silêncio por um longo tempo. Conto para ele algumas histórias, depois de dar um tempo para ele pensar, e ele se mostra satisfeito. Finalmente, ele se vira agitado em minha direção, o rosto iluminado.

— Vou contá pra você essa história:

"Três homens, você m'entende, eles concorda que um num vai entregá o outro.

"Um dia, esses três homens, eles diz: 'A gente num tem carne nenhuma... só se a gente ir pra floresta, encontra uma vaca e d'vide ela.'

"Eles caça até qu'eles encontra uma gorda e eles mata ela. Eles todos fica ao redor dela. Um deles diz: 'Eu quer uma pata traseira.' Outro diz: 'Eu quer uma pata traseira.' O terceiro diz: 'Eu quer uma pata traseira.' (Um rosto radiante se vira para mim para ver se eu entendo que três homens não conseguem tirar uma pata traseira de uma vaca. Ele fica muito feliz por eu reconhecer o dilema na história.) Eles começa a brigar e brigar. Um diz: 'Eu mata você.' (Gestos muito expressivos de briga.) Outro diz: 'Eu mata *você*.' (Riso muito intenso; os gestos de luta continuam.) Eles briga até qu'eles chega na estrada e o oficial vê eles brigan'o, você m'entende, e ele diz: "'Olha pra cá, por que vocês aí estão brigan'o?'"

"Um dos homens ele diz: 'Se você não me engana, eu não vai enganá você.'

"Ele perguntou o outro. Ele diz: 'Se você não me engana, eu não vai enganá você.' O terceiro homem ele diz a mesma coisa, então o oficial, ele vai pro rei e diz: 'Eu encontrei três homens, eles briga, mas, quando eu pergunta pra eles por que eles briga, eles todos diz: 'Se você não me engana, eu não vai enganá você.'"

"O rei convoca eles pra ir diante dele e ele fala. Ele diz: 'Qual o problema vocês três?' Eles todos diz a mesma coisa de novo. (Risada intensa.) Então o rei ele diz: 'Alguma coisa eles faz, eles não quer falar. Eles é homens de amizade forte.' Então ele dá pra eles dez casacos, dez sapatos, dez de tudo e dispensou eles. Eles volta e d'vide a vaca igual."

Lágrimas de alegria desceram as bochechas de Kossula e ele se sacudiu com as risadas por muito tempo depois de ter terminado a história. Mas não foi possível persuadi-lo a contar outra naquele dia.

— Você vem de novo na terça, próxima semana e eu conta pra você alguma coisa, se eu pensar. Mas tio Cudjo fican'o véio. Eu estou no solo da 'Mérica desde 1859. Eu esquece.

Na terça-feira depois do Ano-Novo, encontrei Cudjo mergulhado no passado. Ele estava com sua falecida família, no terreno ao leste. Ele falava de seus filhos, cada vez mais chorava pela esposa.

— Eu tão sozinho. Perdi a minha esposa no 15 de novembro de 1908. A gente ficou junto por muito tempo. Eu casa co'ela no Natal de 1865. Ela uma boa esposa pra mim.

Houve um longo e comovente silêncio, então ele se virou para mim e falou:

— O véio Charlie, ele o mais véio vem da Áffica, veio um domingo depois que minha esposa me deixou e diz: "Tio Cudjo, conta uma parábola."

"Então eu pergunta pra eles: 'Quantos membros Deus dá pro corpo pra ele podê ser ativo?'

"Eles diz seis; dois braços dois pés dois olhos.

"Eu diz eles cortar os pés fora, ele tem mãos pra se defendê. Eles corta as mãos ele rasteja feito serpente pra fugir quando vê perigo chegar. Mas quando ele perde os olho então ele não consegue vê nada que chega perto dele. Ele acaba. Meus meninos é meus pés. Minha filha é minhas mãos. Minha esposa ela meus olho. Ela foi embora, Cudjo acaba."

Eram duas horas e Kossula pediu licença, porque provavelmente trabalharia em sua cerca antes de escurecer.

— Vem me ver quando num está frio.

Dois dias depois eu me sentei perto do fogo dele, na casa sem janelas, e fiquei olhando para ele fumar até que estivesse pronto para falar. Contei para ele uma ou duas histórias e no fim ele estava radiante e animado.

— É um homem, você sabe, ele tem um filho. Seis homens, você entende, eles segue ele o tempo todo. Depois de muito tempo, o homem véio diz: "Filho, esses homens sempre na sua casa. Você sabe o que seis homens faz com você?"

"'Eles não faz nada comigo', é o que o filho diz, e sempre os sete homens fica junto até ele ficá crescido e o tempo chegar de ele se casar.

"O homem véio, ele quer testar esses seis homens. Então, quando o filho casa, ele esconde a garota e então ele pega um carneiro e ele mata ele e corta fora os chifres. Ele ajusta o bicho pra fazer parecer uma menina.

"Então ele diz pro garoto: 'Vai contar pros seus amigos que você casa co'a garota noite passada e ela morreu e eu não quer qu'o rei sabe; e abre uma cova (ele quer que os amigos abram uma cova) e enterra ela. Talvez ela era muito jovem e nunca conheceu homem nenhum.'

"Bem, os seis homens chega pra abrir a cova, mas só dois fica pra terminar de cavar, e quatro foi espalhar a notícia, que chega até no rei.

"O rei então manda chamar o homem véio e diz pra ele: 'Seu filho 'cabou de casar co'uma garota. Cadê ela?'

"'Ela em casa'", o homem véio diz pro rei, e ele diz: 'Onde é sua casa? Eu quer ver.'

"O rei vai co'ele pra casa e ele mostra pra ele a garota. Então ele diz: 'Bem, o que você enterra no buraco?' Ele diz: 'O carneiro.' Mas o rei num satisfeito e ele tem que cavar a cova e deixar o rei ver o carneiro ele mesmo. Então ele fala o rei como é.

"'Eu pergunta meu garoto sobre esses seis homens e ele diz qu'eles todos corretos. O tempo todo eles dorme e come e vai co'ele. Eu quer conhecer a amizade deles então eu mata o carneiro.'"

"O rei diz: 'Você tem conhecimento'; então ele pagou os dois que fica cavando a sepultura e não fala nada e matou os quatro homens que fala e trai o amigo deles."

O MACACO E O CAMELO

Um dia — eu conta essa — a *uthucudum* (fuinha) subiu na árvore de melão pra comê umas frutas. O camelo, ele gosta de melão o tempo todo; então, quando ele vê a fuinha na árvore, ele vai e pede pra ela jogar uns pra ele. A fuinha joga uns *pra ele*, depois ela desce e vai pra casa dela.

O camelo, ele ainda qué mais melão, então ele espera. Depois de um tempo, o macaco ele vai pra árvore de melão pra pegá um pouco pra ele também. O camelo, ele corre pra debaixo da árvore e diz pro macaco: "Me dá uns melões também"; e o macaco joga uns pra ele.

Então ele pede pro macaco jogar pra ele mais e ele come aquilo, então ele pede mais e mais até qu'o macaco ele fica cansado. Ele quer descer da árvore e ir pra casa jantar co'a fruta dele, então ele fala pro camelo ele guloso demais e se ele quer mais melão qu'ele então sobe na árvore ele mesmo e pega uns.

OLUALÊ KOSSOLA

Isso deixa o camelo bravo, então ele fala qu'o macaco é um animal muito bocudo co'um traseiro vermelho feio e um nariz feio demai'.

Agora, o macaco sabe qu'o nariz dele é feio e ele é muito envergonhado p'que o camelo fala disso, então ele diz qu'o camelo é uma criatura co' traseiro nenhum.

O camelo fica tão bravo co'isso, ele 'té alcança o alto da árvore e agarra o macaco e tira ele de lá.

Bem, depois ele anda um pouco, ele encontra o rinoceronte e ele pergunta: "Camelo, por que você pegou o macaco?"

O camelo diz: "Deixa ele mesmo contar."

O macaco: "Bem eu estava no alto da árvore de melão comen'o umas frutas e o camelo chega e pede qu'eu joga umas pra ele. Eu *joguei* umas, e mais e mais, mas quando eu estava cansado e quer ir pra casa ele diz qu'eu sou um animal co'as narinas feias e olhos afundados, e eu fica muito bravo fala qu'o camelo é um animal sem nádegas e ele me pegou e me carregou de lá."

O rinoceronte disse qu'o macaco estava errado de falar do camelo daquele jeito e disse pra ele não deixar o macaco ir embora, então o camelo carregou ele mais.

Depois de um tempo, eles encontraram o leopardo e disseram: "Ô camelo! O que faz você agarrar o macaco? Ele faz mal pra você?"

"Deixa ele contá ele mesmo pra você o qu'ele fez."

O macaco: "Bem eu estava na árvore de melão comen'o umas frutas e o camelo ele chega debaixo da árvore e pede pra eu jogá pra ele umas frutas. Bem, eu joga pra ele umas, depois mais, depois mais até eu ficá muito cansado então eu fala qu'ele é um animal preguiçoso que perturba outros animais quando eles vai pegá fruta, qu'ele sobe ele mesmo na árvore de melão. Então ele diz qu'eu uma criatura sem educação e co'um traseiro vermelho, e eu diz qu'ele um animal sem traseiro nenhum, e sem rabo suficiente pra esconder o lugar onde o traseiro deve estar; então ele agarra eu e traz eu pra cá."

O leopardo diz qu'o macaco estava errado de falar assim do camelo e qu'o camelo não deve deixar ele ir; então o camelo continuou carregan'o ele.

Depois de um tempo ele chega na casa da fuinha, e ela estava sentada do lado de fora. Ela viu o camelo co'o macaco e pergunta pro camelo: "Ô camelo, por que você segura o macaco? Que qu'ele fez de errado?"

O camelo diz: "Deixa contar isso ele mesmo."

O macaco diz: "Bem, eu estava no alto da árvore de melão pegan'o fruta pra minha esposa, e o camelo chega debaixo da árvore e pede pra eu jogar pra ele umas frutas, eu joguei mesmo umas, depois mais e mais, 'té qu'eu estava cansado, e eu disse qu'ele era uma fera gulosa co'um traseiro que parecia que ele estava beben'o kainya (um laxante forte) e ele me agarra e me traz pra cá."

OLUALÊ KOSSOLA

Agora a fuinha ela fica co' pena do macaco e ela mesma sabe qu'o camelo causa incômodo debaixo da árvore de fruta, então ela sentou um pouco e depois diz: "Vou ser a juíza entre vocês dois"; e ambos diz: "Tudo bem, você é juíza pra gente."

A primeira coisa qu'ela diz: "Você macaco, vem sentá aqui do meu lado direito, e você camelo senta aqui do meu lado esquerdo enquanto eu decide a questão."

Ambos faz o que ela diz, e ela senta ali em silêncio por um tempo. Então ela abre a boca: "Ô macaco! Eu condeno você por falar daquele jeito co'o camelo, pra subir no alto daquela árvore, enquanto eu corre pra dentro do meu buraco"; e ela fez isso e o camelo foi deixado sentan'o onde ele estava. Depois de um tempo ele foi embora.

HISTÓRIA DO JONAS

Que que você quer qu'eu conta, Jonas?

Quem é e que tipo de profeta é Jonas, eu num sabe. Eu não podia contá isso pra você.

Deus fala pra Jonas: vai contar pra Nínive pra se voltar pra mim p'que os pecados deles são mais importantes que eu. Jonas diz: não, eu não vou. Jonas diz: bem, eu fica aqui, ele vai me atormentá, eu vou fugi daqui.

Então ele foi lá, você sabe, dentro do navio pra ir pra Jafa — isso uma nação, você sabe, onde Deus não vai aborrecer ele. Escuta, Cudjo diz, ele não sabia disso, Deus está em todo lugar. E então ele foi no navio pra ir pra Jafa e Deus olha pra ele. Deus vê Jonas dentro da embarcação e então quando ele vai pra embarcação Deus *olha* (gesto de olhar penetrante) pra ele. Ele vê o Jonas lá.

Ele vê o Jonas lá, então Deus foi pro leste e (fazendo gesto de destrancar e escancarar uma porta) destranca o quarto da tempestade, diz pra tempestade: "Sai daí" (mão erguida em gesto majestoso de comando); e a tempestade começou. Então Deus foi pro oeste, destranca outro quarto da tempestade. (Gesto.) "Sai! Sai daí!" Então Deus foi pro norte, destranca aquele quarto da tempestade, fala pra ela sair! Então ele foi pro sul, destranca outro quarto da tempestade, e outra tempestade no sul. Todas as tempestades vêm se encontrá! Todas as tempestades vêm se encontrá, e a embarcação não pode ir pra lugar nem um.

Agora! Que que o capitão diz? Isso que eu vai contá pra você agora. O capitão diz: "Essa não é a primeira vez qu'eu vai viajar no mar. Algo errado!" E o homem diz: "Capitão, tem um homem dentro do barco e então ele paga a tarifa dele." O capitão diz: "Por onde ele está?" Eles diz: "Ele lá embaixo, no fundo do barco." Ele diz: "Vai falar pra ele vim aqui."

Eu vou falá pra você que que os marinheiros diz quando eles desceram pro fundo do barco. Eu vai contá pra você que que eles diz pra Jonas. Eles diz: "Ô dorminhoco, acorda do seu sono e chama o seu Deus, se não a gente vai perecer no mar!"

Quando ele aproxima do capitão no deque ele diz: "Quem você?" Ele (Jonas) diz: "Eu sô um hebreu, fugi de Deus." Capitão diz: "Que que a gente precisa fazer agora pro mar ficá calmo?" Ele diz: "Me joga no mar." O capitão diz: "Eu num faz isso ante' da gente sortear. A gente não quer ser culpado do seu sangue."

Eles sorteia e o sorteio sai pra Jonas. Olha aqui Deus prepara a baleia bem na lateral do navio c'a boca muito aberta (gesto). Quando eles joga ele, a baleia pega e carrega ele pra Nínive três dias e três noites. Quando ele chegou na Nínive ele se joga na praia. Num tem nenhuma sombra na praia, então Deus faz uma aboboreira crescer acima da cabeça dele pra ter sombra.

Jonas não vai (para Nínive) então Deus envia o verme e corta a aboboreira (gesto de cortar) e derruba ela (mão erguida para o alto). Deus diz: "Jonas, seu nome chamado." Ele diz pra ele: "Vai pra Nínive, e quando ele chegou lá ele fala quarenta dias e quarenta noites e Nínive terá caído."

E o rei diz: "Ess'é o homem de Deus — três dias, três noites, a vaca, os porcos nem as mulas nem as galinhas dá pra ele nada pra comer. Ninguém come nem bebe."

Então Jonas foi pra montanha pra ver como vai sê derrubada, mas im vez disso Deus abençoa eles. Então Jonas fica bravo; diz: "Senhô, você não me disse que vai d'struí aquela cidade?"

Deus diz: "Jonas, há sete mil mulheres e criança naquela cidade não sabe diferença de certo e errado. Se você pensa qu'eu vai d'struí eles, voc'é doido."

AGORA ESS'É ABRAÃO PAI DOS FIÉIS

Quanto tempo abençoando Nínive eu não sabe. É bem aí o fim. Ess'é o máximo qu'eu consigo ir.

AGORA ESS'É ABRAÃO PAI DOS FIÉIS

Ele tinha sobrinho de nome Ló — é isso mesmo. Ambos parentes. Eles têm servo cuida dos animais qu'eles cria. Um dia dois servos deles estava discutindo.

Abraão diz pra Ló: "Nós dois parentes. Esses servo eles discute, não deixa isso acabar co'a amizade. Agora, ali é direita, ali é esquerda. Agora qual caminho você vai?" Ló diz pra Abraão: "Eu vai pra Sodoma e Gomorra, pra onde você vai?" Abraão diz: "Eu vai pra terra de Canaã."

Quando eles em muito pecado em Sodoma e Gomorra, então o Senhor ele pega dois anjos pra passar pela tenda de Abraão. Abraão vê eles e quer se curvar pra eles e então ele foi e pega uma criança e veste ela e senta ela diante deles pra comê jantar. Quando eles acaba de comê eles parte pra Sodoma e Gomorra.

Um dos anjos diz pro outro: "Não vamo' escondê de Abraão o que vamo' fazer. Vamo' contá pra ele o que vamo'." Então eles diz: "Abraão, você sabe qu'a gente vai pra Sodoma e Gomorra botá fogo lá, vamo' queimar o lugar? Tanto pecado passa diante de Deus que Deus vai queimá o lugar."

"Agora", Abraão diz, "se eu encontra cinquenta pessoas justas vocês poupa a cidade?" Os anjos diz: "Sim, por você."

OLUALÊ KOSSOLA

Abraão foi pra Sodoma e Gomorra e não encontra os cinquenta justos. "Se eu encontra quarenta justos vocês poupa o lugar?"

Eles diz: "Sim, por você, a gente poupa eles."

Ele diminuiu pra vinte e cinco e não conseguiu encontrar eles. Quando ele pede por dez, o Senhor não ouve. Ele foge dele. Então os dois anjos vai pra casa de Ló e diz pra ele: "Agora você vá s'embora daqui e não olha pra trás."

Quando as pessoas vê as filhas de Sião chegar na casa de Ló, elas diz pra Ló: "Que que elas está fazen'o aqui?" Ló diz não incomoda elas. Então o anjo puxa Ló pra trás e balança a mão e todas as pessoas fica cegas. Então elas fala pra Ló: "Você foge daqui tão rápido quanto pode e não olha pra trás."

A esposa de Ló olha pra trás e vira um pilar de sal e ela fica lá até o Dia do Juízo Final. Pobre Cudjo, eu não olha pra trás. Eu segue em frente.

A MULHER LEOA

Três homens, cada um deles têm uma senhora. Um diz: "Se eu vive pra casar co'uma esposa, quando ela tem um filho, ele vai subi no elefante pra andar."

Outro diz: "Se eu vive pra ter uma esposa, quando ela tem um filho, ele vai subi numa zebra pra andar."

O terceiro homem diz: "Se eu vive pra casar co'essa garota qu'eu ama, quando ela tem um filho, ele vai subir num leão como um cavalo de sela."

As pessoas, elas diz: "Como ele vai fazê isso? Ele num pode fazê isso porque antes qu'ele pega o leão, o leão pega *ele.*"

Ele diz: "Ah, não!"

Bem, ele casa co'a garota e eles têm um filho. Quando o garoto qu'ele tem consegue correr e jogar a lança co'a mão, você m'entende, o homem ele vai pra floresta e ele encontra dois leões jovens, mas a mãe deles ela saiu pra matá alguma coisa pra eles comer. Então ele pega os dois leões e mata um e pega o couro e estica na cerca do jardim. O outro, você m'entende, ele acorrenta pelo pescoço numa árvore.

A mãe leoa ela chega em casa e ela sente falta dos bebês dela, e ela sabe qu'o homem pega as crianças dela.

Ela fica magoada, você m'entende, o peito dela incha muito assim. Ela d'cide qu'ela vai puni o homem que mata os bebês dela. Então ela vira uma mulher, e muitos homens vê ela chegar na aldeia. Ela parece muito gorda e bonita e todos os homens quer casar co'ela.

Ela carrega uma bolsa aqui (no quadril). Ela diz qu'ela vai casar co'o homem que joga uma coisa dentro da bolsa.

Todo mundo eles joga coisas na bolsa. Eles joga e eles joga. Uns joga muito longe, uns não joga longe suficiente. Ninguém faz a coisa entrar na bolsa.

O homem que pega os leões, ele de pé e olha, mas ele não tenta jogá nada na bolsa. Ele ama sua esposa e não quer nenhuma esposa mai'. Ela observa ele e ela pergunta pra ele: "Por que *você* não tenta jogá uma coisa dentro da bolsa? Você não me quer como sua esposa?"

Ele diz: "Eu não quer jogar. Eu já tem esposa."

Ela diz: "Mas eu quer que você joga." Ela implora pra ele por favor 'té depois mais um pouco então ele pega uma coisa co'a mão esquerda e joga assim, mas foi direto dentro da bolsa, então ela foi pra casa co'ele pra casa dele.

Assim qu'ela entra na casa ela vê a pele esticada na cerca do jardim e vê o outro acorrentado na árvore, e ela incha dentro dela, e ela deseja qu'a noite chega. Ela deseja qu'era noite naquele minuto.

Ela deita na cama co'o homem naquela noite, mas ela num dorme nunca. Ele dorme, mas ela espera pra matar ele. Quando ela vê ele dorme, ela volta uma leoa e levanta, andando pela casa.

O homem ele tem cachorros, você m'entende, e eles sabe qu'ela uma leoa, e eles sabe quando ela levanta pra matar ele. Assim qu'ela chega nele pra rasgar ele todo, os cachorros late e diz: "Não, você não faz isso! Não, você não faz isso! Esse é o meu mestre, e mesmo se você matar *ele* você não pode atravessar esse quintal. A gente mata *você*."

Ela volta e deita co'o homem e acorda ele. Ela diz: "Marido, eu não consigo dormir. Seus cachorros faz muito barulho, eles me deixa acordada. Acho qu'eles vai entrá na casa e me mordê. É melhor você acorrentar eles."

Ele levanta e vai acorrentar os cachorros como ela diz, então ele volta e dorme. Ela levanta de novo, mas os cachorros escuta ela e eles fala tão alto qu'ela fica assustada qu'ele ouve eles. Então ela volta pra cama e ela pensa o qu'ela pode fazê pra matar ele.

De manhã ela diz pra ele: "Eu não pode ficar co' você p'que seus cachorros eles não me deixa dormir. Eu vou pra casa essa manhã. Você vai um pedaço do caminho comigo?"

Ele fala qu'ele vai co'ela um pedaço do caminho. Ele vai pegá a lança de caça dele e o arco e flecha, mas ela diz: "Pra que você leva a lança? Você quer me matá no caminho? Você também não precisa de flecha nenhuma."

Ele conta pra ela qu'ele sempre leva a lança dele quando ele vai pra floresta, mas ela chora e diz qu'ela tem medo qu'ele vai matar ela, então ele deixa as armas. Então ele pega a faca de caça, mas ela faz ele largar isso também. Então ele pega um apito, você m'entende, e coloca ele na blusa dele, e pega nove ovos pra comer no caminho. Então ele segue co'ela.

No caminho eles conversa. Ela pergunta pra ele: "Se um leão pula em você, que que você faz?"

Ele diz: "Eu me transforma em veado e foge correndo rápido."

"Ah, mas um leão é mais rápido qu'um veado, então o que você faz?"

"Então eu transforma em cobra e vai pra dentro do solo."

"Ah, mas o leão pega você antes de você cavar o buraco."

"Bem, então eu me transforma...", ele começa a falar qu'ele transforma em pássaro e voa pra cima no meio da árvore, mas a voz do pai dele chega até ele e diz: "Silêncio!"; então ele diz: "Eu não sei o qu'eu faz então."

Depois de um tempo eles chega em uma floresta e a mulher pede licença e entra no arbusto e fica um minuto —

OLUALÊ KOSSOLA

então uma grande leoa sai e vai atrás do homem. Ele pensa rápido no que qu'ele vai fazer, e ele transforma em pássaro e voa pra árvore mais alta.

A leoa abre um lado e tira nove homens co' machados e abre o outro lado e tira nove mai' e eles começa a cortar a árvore. O homem, ele sopra o apito pros cachorros dele ouvir ele e vir.

Os homens eles golpeia muito forte a árvore. A leoa ela anda em círculo e ao redor e ruge o que qu'ela vai fazer quando a árvore cai. Quando a árvore está pra cair, o homem joga um ovo e a árvore ela volta pra cima. Ele apita e apita pro cachorro dele, mas eles num ouviram ele ainda.

Ele deixa cair outro ovo quando a árvore começa a cair de novo, e ele continua até qu'o último ovo se foi. A árvore começa a balançar de novo, mas ele apita e apita.

Um cachorro jovem diz pro outro: "Isso parece o apito do mestre qu'eu escuta; você não acha isso?"

O cachorro véio diz: "Ah, deita aí! Você sempre ouve alguma coisa pra você poder correr pra floresta."

Depois de um tempo o cachorro jovem diz qu'ele escuta alguma coisa de novo, mas o cachorro véio fala. "Não, fica quieto."

A árvore está quase derrubada, e a leoa fica de pé nas patas traseiras pra ela agarrar ele quando ele cair. O cachorro jovem diz de novo qu'ele ouve o apito e o cachorro véio diz: "Espera, eu acredita qu'eu escuta alguma coisa também. Espera um minuto." Ele escuta, então ele diz: "Isso *é* o apito do mestre! Ele em perigo também. Deixa eu entrá na casa e colocá o remédio de olho no olho."

Ele entra na casa e coloca o remédio no olho dele, pra ele conseguir ver bem até o outro lado do mundo. "Um-hum!", ele diz. "Eu vê mestre e ele em muito perigo. Vamo."

Eles corre pra árvore mais rápido do que qualquer coisa no mundo e mata a leoa e todos os homens. O homem desceu da árvore voan'o e transformou nele mesmo de novo. Então o homem e os cachorros pega toda a carne e leva ela pra casa e joga ela no quintal. Então o homem ele vai pra dentro da casa co'a esposa dele, mas ele não conta pra ela nada p'que o cachorro véio ele fala pra ele que, se ele conta, ele vai morrer.

Quando ela olha no quintal e vê toda a carne, ela diz pra ele: "Onde você consegue essa carne toda?"

E ele diz: "Eu estava caçando"; mas ele não fala pra ela qu'os cachorros fizeram cestas de galhos de ameixeira e trouxeram a carne pra casa. Eles anda nas patas traseiras como homens e carrega as cestas co'as patas da frente.

A esposa dele diz: "Você nunca traz pra casa essa carne toda. Homem nenhum consegue carregá tanto assim, isso é muito pra um homem. Você conta pra mim quem trouxe essa carne pra você."

O dia todo ela mantém isso. Chega de noite e ele quer ir pra cama. Ela diz não, ela não dorme co'ele nunca mai' não a menos qu'ele conta pra ela da carne. Então ele conta pra ela e então ela dorme co'ele. Mas na manhã seguinte ela fala pros cachorros: "Por que vocês não conta pra mim

OLUALÊ KOSSOLA

vocês consegue carregá carne como homem? E eu aqui tem que lavar onde vocês come e carrega a gororoba pra vocês e vocês muito capaz de trazer seu prato e pegar a sua própria comida."

Então o homem ele morre p'que ele contou o que qu'o cachorro fala pra ele não fazer, e as pessoas faz um grande velório de três dias co'ele. A esposa dele ela chora e chora p'que ela faz ele morrer, mas eles vai pra enterrar ele. Mas o cachorro véio diz: "Não, espera até o pai dele vim — ele longe numa jornada." Então eles espera três dias mai' e quando o pai chega ele esfrega remédio nos olhos dele e ele acordou ele, e ele vive muito tempo depois disso, e o filho dele montou no leão qu'ele trouxe pra casa.

Posfácio e material adicional editado por Deborah G. Plant

Posfácio

Hurston descreveu Kossola como um "velho *gentleman* poético (...) que sabia contar uma boa história".[1] E, na tradição do griô de sua terra natal na África Ocidental, Kossola conta uma história de proporção épica. Ele é ao mesmo tempo contador de história e figura heroica; afinal, é protagonista na saga que relata para Hurston. Ele foi "deixado para contar" a história do massacre que aconteceu na cidade de Bantè e foi o último fundador original a cantar o hino de Africatown. Uma característica dos griôs é sua extraordinária memória. Assim como outras pessoas que entrevistaram Kossola, Hurston também notou essa característica. No prefácio de *Olualê Kossola*, Hurston elogia a "impressionante memória" dele. E ela afirma: "se ele por vezes é um pouco vago quanto a detalhes, depois de 67 anos, certamente deve ser perdoado." Hurston utilizou fontes secundárias relacionadas à narrativa de Kossola, mas não como corretivas. Seu

---

1 HURSTON, [1942] 1984, p. 198.

188 POSFÁCIO

uso de pesquisa histórica não estava alinhado ao da "maioria científica". "Woodson sabia que a memória das pessoas era notadamente instável e deve ser verificada com atenção em referência a documentos escritos."[2] Mas as motivações de Hurston eram diferentes: "As citações de obras de viajantes ao Daomé são utilizadas não para fazer esta parecer uma biografia minuciosamente documentada, mas para enfatizar a impressionante memória dele."[3]

"A PRÓPRIA HISTÓRIA DE CUDJO"

Antes do encontro deles, em dezembro de 1927, Hurston entrevistou Kossola uma vez. Como ela afirma em sua introdução em *Olualê Kossola*, "encontrei Cudjo Lewis pela primeira vez em julho de 1927. O Dr. Franz Boas me enviou com o objetivo de obter para o Dr. Carter G. Woodson, do *Journal of Negro History*, um relato em primeira mão do ataque que trouxe Cudjo para os Estados Unidos e para a escravização".[4] De fevereiro a agosto de 1927, Hurston conduziu uma pesquisa de campo na Flórida e no Alabama sob a direção de Franz Boas, seu mentor, o renomado "pai da antropologia estadunidense". Boas havia, anteriormente,

---

2 HEMENWAY, Robert E. *Zora Neale Hurston: A Literary Biography* [Zora Neale Hurston: uma biografia literária]. Urbana: University of Illinois Press, 1980, p. 95.

3 Veja o prefácio de Hurston nesta edição.

4 Veja a introdução de Hurston nesta edição.

POSFÁCIO   189

abordado Woodson, "pai da história negra", para falar sobre
uma bolsa para Hurston em apoio à pesquisa. Conforme o
acordo entre eles, Hurston deveria coletar material sobre
folclore negro para Boas e olhar ao redor em busca de artistas
do folclore negro ainda não descobertos. Além de reunir dados
históricos para Woodson, ela deveria registrar a história de
Kossola.[5]

Woodson apoiou a pesquisa de campo de Hurston com
uma bolsa de 1.400 dólares. Metade do financiamento veio
da Association for the Study of Negro Life and History,
uma organização fundada e dirigida por Woodson. Elsie
Clews Parsons, da American Folklore Society, proporcionou financiamento adicional semelhante. Como bolsista e
"investigadora" da associação, era esperado de Hurston que
ela contribuísse com material para o *Journal of Negro History*,
uma publicação da associação. Durante a última parte de
seu tempo em campo, Hurston dirigiu para Plateau, Alabama, a fim de cumprir sua última tarefa para Woodson e
conduzir a entrevista com Kossola. Além de vários relatórios
e de dados para o arquivo, Hurston entregou a Woodson
materiais que coletou em Forte Mosé, uma colônia negra
em Saint Augustine, na Flórida. Woodson publicou esse

---

5 HURSTON, Zora Neale [Correspondência]. Destinatário: Carter
   G. Woodson, jul./ago. 1927. *In*: KAPLAN, 2002, p. 103. HURS-
   TON, Zora Neale [Correspondência]. Destinatário: Thomas E.
   Jones, 12 out. 1934. *In*: Ibid., p. 315; HURSTON, [1942] 1984,
   p. 198.

190 POSFÁCIO

material como um artigo intitulado "Communications" [Comunicações], na edição do *Journal* de outubro de 1927.

Nessa mesma edição, ele publicou a entrevista de Hurston com Kossola como "Cudjo's Own Story of the Last African Slaver" [A própria história de Cudjo sobre o último navio negreiro africano].[6] Uma nota de rodapé no início do artigo afirmou que, "como pesquisadora da Association for the Study of Negro Life and History", Zora Neale Hurston viajou para Mobile a fim de entrevistar Lewis, "o único sobrevivente desse último 'carregamento'". A nota afirma ainda: "Ela usou também um pouco de *Voyage of Clotilde* e outros registros da Sociedade Histórica de Mobile.[7] Na verdade, Hurston fez mais que usar um pouco dos registros da sociedade. E, apesar de parte do artigo ser um "relatório em primeira mão", a maior parte era informação em segunda mão, obtida em *Historic Sketches of the South*, de Emma Langdon Roche (1914). Emma Roche era escritora, artista e fazendeira nascida no Alabama, em 1878. O livro dela é um relato das origens da escravização nos Estados Unidos, contado a partir de princípios escravagistas e perspectivas paternalistas. Sua narrativa reconta a história do *Clotilda* e

---

6 Uma versão desse artigo foi publicada em *The American Mercury*, em 1944, posteriormente em uma versão resumida em *Negro Digest*, também em 1944.

7 HURSTON, Zora Neale. "Cudjo's Own Story of the Last Slaver". *Journal of Negro History*, outubro de 1927, p. 648. Disponível em: http://www.jstor.org/stable/2714041

POSFÁCIO 191

acompanha o destino de africanos que foram armazenados em seu porão.

Só décadas mais tarde o crítico literário e biógrafo de Hurston, Robert Hemenway, levou ao conhecimento da academia e para debate a questão do "empréstimo" de Hurston. Hemenway atribui a descoberta ao linguista William Stewart, que a detectou em 1972. "A descoberta de Stewart chegou a mim", observou Hemenway em *Zora Neale Hurston: A Literary Biography*, "por John Swed, da Universidade da Pensilvânia. Sou grato ao professor Stewart por me dar permissão para citar seu trabalho e suas descobertas".[8] Apesar de a nota de rodapé em seu artigo de 1927 reconhecer a Sociedade Histórica de Mobile como fonte secundária, não faz referência específica ao *Historic Sketches of the South* (ROCHE, 1914), e Hurston não faz referência direta ao livro de Roche ao longo do próprio artigo. Em vez disso, trechos parafraseados e indevidamente documentados e apropriações quase *verbatim* da obra de Roche constituem a maior parte do artigo. "Dos 67 parágrafos do texto de Hurston", relata Hemenway, "apenas dezoito são exclusivamente prosa dela mesma".[9]

Hemenway especula sobre Hurston ter pensado que em sua entrevista com Kossola faltava material original e, portanto, recorreu ao uso do trabalho de Roche como suplemento.

---

8   HEMENWAY, 1980, p. 96-97, 103, n. 23.

9   Ibid., p. 98.

192 POSFÁCIO

Ele também supõe que Hurston, por estar escrevendo no início da carreira, sofreu com dilemas em relação a propósito, direção e metodologia: como, exatamente, ela poderia introduzir o mundo ao folclore afro-estadunidense, que ela percebia como "a maior riqueza cultural do continente?"[10] Hemenway notou que Hurston, ela mesma uma personagem desse folclore, lutava para negociar o abismo sociocultural entre sua cidade natal rural em Eatonville, Flórida, e o rico reduto da cidade de Nova York. Ele acreditava que a frustração dela com o estudo acadêmico e com a apresentação do folclore afro-estadunidense e da cultura folclórica era reflexo da mesma luta.

Hurston havia absorvido a teoria de Boas sobre relatividade cultural e entendeu que não havia culturas superiores ou inferiores; ela compreendeu que culturas deveriam ser testadas e avaliadas em seus próprios termos. Mas seriam os métodos de Boas e Woodson propícios para os propósitos dela? Seria possível que "a precisão de um repórter" de uma investigação científica ocidental pudesse ser o meio pelo qual ela iria documentar e reconhecer o talento afro-estadunidense e, portanto, desafiar o imperialismo europeu e a hegemonia cultural euro-estadunidense? Ou será que ela acreditava, assim como a poeta Audre Lorde, que "as ferramentas do mestre jamais derrubarão a casa do mestre"?[11]

---

10 HURSTON, Zora Neale [Correspondência]. Destinatário: Thomas E. Jones, 12 out. 1934. *In*: KAPLAN, 2002, p. 315.

11 LORDE, Audre. *Sister Outsider: Essays and Speeches*. Nova York: The Crossing Press, 1984, p. 112. [ed. bras.: *Irmã outsider*: ensaios

POSFÁCIO

Em uma carta para seu amigo Thomas Jones, presidente da Universidade Fisk, Hurston expressou seu dilema. "Retornou a Nova York e começou a reescrever e organizar o material para publicações científicas, e, enquanto fazia isso, começou a lamentar todo o esplendor de ficar enterrada em publicações científicas."[12] Ela estava insegura quanto à abordagem objeto-observador para o repertório de folclore, conforme proposta por Boas, e se irritou com o tipo de bolsa de Woodson. Ela preferia estar em campo, escreveu Hemenway, e se ressentia de ter passado tempo pesquisando registros do tribunal e "transcrevendo, desatenta, documentos históricos".[13]

No entanto, Hemenway se perguntava por que Hurston arriscaria sua carreira e se seu plágio da obra de Roche foi "uma tentativa inconsciente de suicídio acadêmico". Essa tentativa, Hemenway concluiu, "foi feita por causa da falta de respeito pela escrita que se deve fazer". Se detectada e "sua integridade científica destruída (...) a carreira acadêmica de Hurston teria acabado". Ela então estaria livre das reprimendas de Boas e das exigências de Woodson e do "trabalho pouco glamoroso" de reunir folclore.[14] É possível,

---

e conferências, trad. Stephanie Borges. São Paulo: Autêntica, 2019, p. 220].

12 HURSTON, Zora Neale [Correspondência]. Destinatário: Thomas E. Jones, 12 out. 1934. *In*: KAPLAN, 2002, p. 315.

13 HEMENWAY, 1980, p. 96.

14 Ibid., p. 99.

194 POSFÁCIO

Hemenway vai mais além em sua especulação, que notas de rodapé fazendo referência a Roche tenham sido incluídas, mas se perderam ou de alguma maneira foram omitidas dos "outros registros" aos quais as notas de rodapé do artigo se referem? De qualquer maneira, Hemenway afirma que "a carreira de Hurston não precisa de nenhuma justificativa apologética absurda. Ela nunca voltou a plagiar; ela se tornou uma grande coletora de folclore".[15]

Biógrafa de Hurston, Valerie Boyd propôs que, mesmo Hurston tendo lamentado o "trabalho não original" que ela fez para Woodson, é da mesma forma provável "que Hurston tenha acreditado que o relatório seria apenas para os arquivos de Woodson; ela não esperava que fosse publicado, assim como não pensava que a transcrição de sua 'Comunicação' fosse digna de publicação".[16] O artigo "Communications" era uma compilação de excertos transcritos de cartas e documentos históricos e oficiais do congresso reunidos e conectados por declarações breves. Esse tipo de relatório pode ser comparado à composição *Cudjo's Own Story*.

Boyd questionou se a apresentação de material que continha apenas 25 por cento de trabalho original seu pudesse ter sido a maneira que Hurston teve de "retaliar Woodson por arbitrariamente dividir seu pagamento e ocupar seu tempo de pesquisa pedindo que ela fizesse o trabalho que

---

15 Ibid., p. 98.

16 BOYD, 2003, p. 154.

POSFÁCIO 195

ele não queria fazer".[17] Hurston reclamou com seu amigo, o poeta Langston Hughes, que terminara o trabalho para Woodson, mas não havia recebido o valor total. "Pensei que receberia pelo mês, mas ele me pagou apenas duas semanas." Ela desabafou com Hughes e falou para ele que se sentia deprimida com isso.[18]

Assim como Hemenway supôs que Hurston provavelmente tenha guardado as "partes suculentas" de suas descobertas folclóricas para colaborações teatrais com Langston Hughes, Boyd conjecturou que Hurston "resolveu reservar seu material mais fascinante sobre Cudjo Lewis para seu próprio trabalho".[19] Kossola havia se tornado um tanto célebre como o último sobrevivente do *Clotilda*. Outros antropólogos, folcloristas, historiadores, jornalistas e artistas o procuraram. Um colega de Hurston, Arthur Huff Fauset, já havia coletado de Kossola o conto folclórico "T'appin" ("Terrapin"), que ele publicou em *The New Negro: An Interpretation* [O novo Negro: uma interpretação], de Alain Locke, em 1925. Especulações à parte, Boyd afirma: "Fazer 'certo uso' de material de outro autor é totalmente comum e aceitável. Mas, como Zora sabia, copiar a obra de outra pessoa e fazê-la passar como sua não é."[20]

---

17 Ibid., p. 153.

18 HURSTON, Zora Neale [Correspondência]. Destinatário: Langston Hughes, primavera-verão 1927. *In*: KAPLAN, 2002, p. 99.

19 BOYD, 2003, p. 154.

20 Ibid., p. 153.

POSFÁCIO

É possível que o artigo que estava comprometido tivesse tanto livrado Hurston do tédio quanto proporcionado a ela a dádiva de um ensinamento para seus próprios propósitos, alcançando, portanto, um objetivo, ainda que por meios tortuosos. Ou, como Lynda Marion Hill sugeriu em *Social Rituals and the Verbal Art of Zora Neale Hurston*, a gafe profissional de Hurston talvez tenha sido um momento para ela disfarçar sua resposta sentimental a um acontecimento perturbador. Em 1927, Zora Neale Hurston era novata. Apesar de Hemenway ter provavelmente concordado com Franz Boas que "Hurston estava 'um pouco impressionada demais com suas próprias conquistas'", da mesma forma é verdade que ela mesma estava ainda bastante impressionável.[21] Em 1927 a carreira à qual críticos aludem estava no futuro. Hurston não era a cientista social madura que publicou as coleções folclóricas *Mules and Men* (1935) e *Tell My Horse* [Diga ao meu cavalo] (1938). Ela não era a autora de quatro romances, incluindo o célebre *Seus olhos viam Deus* (1937). Ela ainda estava no começo das coisas.

"Cudjo's Own Story" foi a estreia de Hurston em publicação acadêmica. "Ao escrever seu primeiro artigo sobre Cudjo", supõe Lynda Hill, "é possível que Hurston estivesse emocionada e insegura demais sobre como lidar com sua resposta subjetiva, em vez de frustrada demais com os rigo-

---

21 HEMENWAY, 1980. p. 89.

POSFÁCIO

res da análise científica, para produzir um texto autêntico".[22] Como Hurston refletiu sobre a entrevista com Kossola anos mais tarde em sua autobiografia *Dust Tracks on a Road*, "[a entrevista] me proporcionou algo com que me emocionar".[23] A entrevista mudou Hurston, observou Hill. Esse senhor, um isha iorubá nos Estados Unidos, a educara em complexidades sociopolíticas e culturais de "Meu Povo". Diante das lembranças de Kossola, as construções sociais de "Meu Povo" e "Africanos" foram desconstruídas pela realidade das identificações étnicas, que não apenas distinguiam povos e clãs como também geravam a distância narrativa e a diferença ideológica que tornaram um grupo étnico capaz de considerar um outro "estrangeiro" ou "inimigo", e permitiu àquele grupo oferecer o "outro" para o "mercado transatlântico".

"Uma coisa me impressionou muito nesses três meses de encontro com Cudjo Lewis", escreveu Hurston.

> As pessoas brancas mantiveram meu povo escravizado nos Estados Unidos. Elas nos compraram, é verdade, e nos exploraram. Mas o fato irrefutável, que ficou entalado em minha garganta foi: meu povo me *vendeu* e o povo branco me comprou. Isso acabou com o folclore no qual fui criada — de que as pessoas brancas foram para

---

22 HILL, 1996, p. 64.

23 HURSTON, 1984, p. 204.

198 POSFÁCIO

> a África, balançaram um lenço vermelho para os
> africanos e os seduziram a embarcar no navio e
> ir embora navegando.[24]

Hurston era uma coletora de folclore. No entanto, o folclore no qual ela foi "criada" contradizia o folclore que ela coletava de Kossola. Mais além, "tudo o que esse Cudjo me contou", devaneou Hurston, "foi comprovado em outras fontes históricas".[25] Especialistas do Renascimento do Harlem e artistas como Zora Neale Hurston lutavam com a identidade do "negro". Eles haviam reivindicado a imagem de pessoas negras e afirmado o valor da cultura negra (*vis-à-vis* pessoas brancas e cultura anglo-estadunidense). Houve um movimento determinado para acabar com a imagem do "velho negro" e trazer a do "novo negro", cuja cultura e éthos autênticos estavam enraizados nas origens africanas. Como a chacina e o assassinato de "outros" africanos e o extermínio de sociedades inteiras cabem no perfil desse "novo negro" moderno e autêntico?

Teria Hurston tentado evitar o "fato irrefutável" dessa dimensão da humanidade africana que era motivada pela "natureza universal de ganância e glória"?[26] Seria possível que a mulher e a cientista social cujos objetivos incluíam a descoberta e a revelação da retenção de culturas africanas

---

24 Ibid., p. 200.

25 Ibid.

26 Ibid.

POSFÁCIO   199

nos Estados Unidos foi surpreendida pela lembrança de
Kossola da barbárie que foi parte integral da entrega dele no
porto de Uidá? Talvez, em vez de se forçar a lidar com fatos
tão desnorteantes que ficaram entalados na garganta dela,
Hurston escolheu, no momento, entregar uma narrativa
sobre o ataque que já havia sido escrita.

"Apesar de ser impossível justificar o plágio", escreveu
Hill, "os motivos pelos quais isso aconteceu deveriam ser
analisados à luz de ser, até hoje, uma ocorrência única na longa e produtiva carreira de uma autora prolífica e amplamente
publicada".[27] A perspectiva de Hill é importante, sobretudo,
porque Hemenway faz semelhante acusação, condenando
e repudiando *Olualê Kossola*, como se o manuscrito fosse
nada mais que uma extensão do texto sobre Cudjo Lewis
anteriormente publicado. Não é. Hemenway afirma que o
artigo publicado no *Journal* era uma anomalia e relata que
Hurston retornou a Mobile para entrevistar Kossola outra
vez, e foi muito bem-sucedida. *Olualê Kossola*, a obra com
extensão de livro, foi resultado dos esforços dela.

"Ainda assim, mesmo esse manuscrito não publicado,
escrito em 1931", escreve Hemenway, "faz amplo uso de Roche e de outras fontes antropológicas; apesar de habilmente
amarrar a literatura acadêmica e as próprias lembranças que
Hurston tinha de Cudjo, não reconhece essas fontes, e é o
tipo de livro que Boas teria repudiado". Hemenway escreve

---

27 HILL, 1996, p. 64.

200 POSFÁCIO

mais: "O livro parece ser somente as palavras de Cudjo; na verdade, ele é a recriação imaginativa de Hurston da experiência dele. A intenção dela foi recriar a escravização de uma perspectiva negra (...) mas ela fez isso como artista em vez de fazer como folclorista ou historiadora."[28]

Apesar de o artigo e o manuscrito do livro terem Kossola como tema em comum, são duas obras distintas. E, ainda que a acusação de plágio seja razoável para aquela, ela é infundada para esta. Hurston utiliza a obra de Roche em *Olualê Kossola* e ela reconhece isso, apesar de indiretamente. Em seu prefácio a *Olualê Kossola*, ela escreve: "Pelos dados históricos, estou em dívida para com o *Journal of Negro History* e para com os registros da Sociedade Histórica de Mobile."[29] Em sua introdução, Hurston descreve suas entrevistas com Kossola e afirma: "Assim, de Cudjo e dos registros da Sociedade Histórica de Mobile, obtive a história do último carregamento de pessoas escravizadas trazidas para os Estados Unidos."[30]

Em seu uso da obra de Roche, assim como com seu uso de materiais secundários, Hurston faz de boa-fé um esforço para documentar suas fontes. Ela *parafraseia* trechos de *Historical Sketches* e coloca aspas em citações, apesar de ser inconsistente em relação a isso no rascunho do manuscrito.

---

28 HEMENWAY, 1980, p. 100-101.

29 Veja o prefácio de Hurston nesta edição.

30 Veja a introdução de Hurston nesta edição.

POSFÁCIO 201

E algumas fontes são, na verdade, documentadas dentro do texto da introdução e outras, em notas de rodapé dentro do corpo da narrativa.

A historiadora Sylviane Diouf afirma que a descrição de Hemenway do manuscrito de Hurston foi "desnecessária".

> Ela pode ter combinado algumas coisas que Cudjo falou com algumas que ela sabia como acadêmica, mas ela fez um esforço genuíno para separar as duas coisas. Com poucas exceções, a informação fornecida em *Olualê Kossola* é confirmada por outras fontes. Testemunhas, especialistas em culturas iorubá, artigos de jornais contemporâneos e uma abundância de material de arquivo corroboram os vários eventos na vida de Cudjo conforme são descritos em *Olualê Kossola*.[31]

Longe de ser uma recriação ficcionalizada, Diouf escreve que "a história de Cudjo, como transmitida por Hurston, está tão próxima da realidade quanto é possível ser verificado com a ajuda de outros registros". Ela afirma ainda que Hurston "produziu um inestimável documento sobre a vida de um grupo de pessoas com uma experiência peculiar na história estadunidense".[32] Em vez de repudiá-la, Boas deveria ter ficado satisfeito e tê-la incentivado, enquanto Hurston, nessa

---

31 DIOUF, 2007, p. 246.
32 Ibid., p. 246, 3.

202 POSFÁCIO

fase inicial de sua escrita profissional, esforçou-se muito para utilizar registros históricos que sustentassem suas descobertas folclóricas — exatamente como ambos, Boas e Woodson, haviam instruído. O que é mais significativo é que Hurston não estava batalhando para acalmar nem Boas nem Woodson, mas se dedicou ao processo de tornar real sua visão de si mesma como cientista social e uma artista que estava determinada a apresentar a história de Kossola da forma mais autêntica possível.

DOCUMENTO HISTÓRICO

Desde as primeiras "narrativas de pessoas escravizadas" que se conhece às histórias orais pós-Guerra Civil em coletâneas como a de George P. Rawick, *The American Slave*, é possível vislumbrar as vicissitudes e a vida interior de um povo forçado a existir e a labutar em circunstâncias desumanas. Poucas dessas narrativas recontam os incidentes que precederam o desembarque e as jaulas e os leilões nos Estados Unidos. Há os diários de bordo de capitães e manifestos de navios, e há cartas, diários, escrituras de venda e testamentos de comerciantes e os legisladores da plantocracia que traficavam vidas africanas. Como Hurston lamenta em sua introdução a *Olualê Kossola*:

> Todas essas palavras do vendedor, mas nenhuma do vendido. Os reis e os capitães cujas palavras

POSFÁCIO 203

moveram navios. Mas nenhuma palavra da carga.
Os pensamentos do "marfim preto", da "moeda
da África", não tinham valor de mercado. Os
representantes da África no Novo Mundo vieram, e trabalharam, e morreram, e deixaram suas
pegadas, mas nenhum pensamento registrado.[33]

O tema da captura na África e do transporte passando
pela Passagem do Meio não é a experiência daqueles que
nasceram em condição de servidão no solo estadunidense.
Narrativas como a de Kossola, das quais existem poucas,
descrevem o *maafa*, a violenta extirpação de corpos, a devastação de sociedades e a destruição de almas. No lugar de
mapear a jornada da escravização à liberdade nos Estados
Unidos, a narrativa de Kossola retorna à África e nos pro-
porciona a oportunidade de olhar para dentro da experiência
coletiva negra, como vista através das aberturas nos barracões enfileirados nas costas africanas do mundo Atlântico.
Olualê Kossola difere das clássicas narrativas sobre pessoas escravizadas de várias maneiras. A de *Olualê Kossola*
não é um apelo convencional por liberdade e não se trata
de crônicas sobre angustiantes fugas ou processos para a
compra da própria liberdade. Diferente dos autores de narrativas convencionais, Kossola nasceu na África. E, por não
ter nascido nos Estados Unidos, ele precisou obter cidadania
por meio da naturalização. Enquanto narrativas como aque-

---

33 Veja a introdução de Hurston nesta edição.

204 POSFÁCIO

las escritas por Frederick Douglass dialogam com a causa abolicionista, a equidade racial e os direitos das mulheres, *Olualê Kossola* não articula interesses políticos explícitos. E não tem a voz heroica, confiante e autorrealizada que é associada a autobiografias negras.

Onde narrativas convencionais de escravizados falam de conversão ao cristianismo, a narrativa de Kossola também fala, mas faz isso ao mesmo tempo que expressa também as tradições e os costumes espirituais de sua terra natal. Ele não construiu sua esperança em um futuro de glória celestial, mas sim no retorno ao seu povo, uma visão que dialoga com a importância da reverência à ancestralidade. Os dezenove anos de Kossola na África foram mais reais para ele do que um certificado de independência nos Estados Unidos. Sua narrativa não conta a jornada em direção à conquista do Sonho Americano. É um tipo de narrativa de escravizado às avessas, viajando em sentido contrário aos barracões, à traição e à barbárie. E então ainda mais para o passado, para o período da tranquilidade, um tempo de liberdade e sensação de pertencimento.

A diáspora africana no continente americano representa a maior migração forçada de um povo na história do mundo. De acordo com Paul Lovejoy, o número estimado de africanos capturados na rede da escravização de pessoas entre 1450 e 1900 era de 12.817.000.[34] A Nobel de Literatura Toni

---

34 LOVEJOY, 2012, p. 19.

POSFÁCIO

Morrison dedicou seu romance *Amada* aos "sessenta milhões e mais", um número que inclui os "esquecidos e desconsiderados" na Passagem do Meio.[35] Milhões sofreram capturados e sobreviveram à travessia do Atlântico, mas apenas um número pequeno de africanos relatou suas experiências.

Como expõe Sylviane Diouf: "Das dezenas de africanos deportados que deixaram testemunho sobre a vida, apenas [Olaudá] Equiano, [Maomá Gardo] Baquaqua e [Otobá] Cugoano se referiram à Passagem do Meio."[36] Oito das dez narrativas coletadas em *Africa Remembered: Narratives by West Africans from the Era of the Slave Trade* [África relembrada: narrativas por africanos ocidentais da era do comércio de escravizados], de Philip Curtin (1967), relatam experiências na Passagem do Meio, rota do comércio triangular. "Elas nos proporcionam alguma noção dos sentimentos e dos comportamentos de vários milhões cujos sentimentos e comportamentos não estão registrados", escreveu Curtin. "Ainda que a amostra possa ser imperfeita, é a única visão que podemos recuperar do comércio de escravizados visto pelas próprias pessoas escravizadas."[37] Dez

---

35 MORRISON, Toni. *Beloved*. Nova York: Alfred A. Knopf, 1987 [ed. bras.: *Amada*, trad. José Rubens Siqueira. São Paulo: Companhia das Letras, 2018].

36 DIOUF, 2007, p. 66.

37 CURTIN, Philip (org.). *Africa Remembered: Narratives by West Africans from the Era of the Slave Trade*. Prospect Heights: Waveland Press, [1967] 1997, p. 9.

206 POSFÁCIO

anos depois da obra de Curtin, o acadêmico Terry Alford exumou das entranhas do esquecimento os eventos da vida de Abd al-Rahman Ibrahima, publicados sob o título *Prince among Slaves: The True Story of an African Prince Sold into Slavery in the American South* [Príncipe entre escravizados: a história real de um príncipe africano que foi vendido como escravizado no Sul dos Estados Unidos]. A narrativa dele também relembra captura e deportação.

Alguns africanos escravizados, como Olaudá Equiano, que vivenciaram a Passagem do Meio, adquiriram habilidade para escrever a própria narrativa. Outros, como Kossola, que jamais aprendeu a ler ou escrever, usou o processo de contar sua narrativa. Através desta publicação, *Olualê Kossola* aumenta nosso conhecimento e nossa compreensão das experiências de africanos antes do desembarque no continente americano. Como uma relíquia tirada do fundo do oceano, *Olualê Kossola* nos fala de sobrevivência e persistência. Ele relembra os esquecidos e leva em consideração os que foram desconsiderados. Como expressão de sentimentos e comportamentos de alguém que sobreviveu à Passagem do Meio, ele é raro nos anais da história.

O *MAAFA*

"Existe uma solidão que pode ser embalada", diz a narradora em *Amada*.

POSFÁCIO

Braços cruzados, joelhos encolhidos; contendo,
contendo mais, esse movimento, diferente do de
um navio, acalma e contém o embalador. É uma
do tipo interno — que envolve, justa como a pele.
Depois, existe a solidão que vaga. Nenhum em-
balo é capaz de contê-la. Ela é viva, independente.
Uma coisa seca e espalhada que faz o som dos
próprios pés de uma pessoa indo parecer vir de
um lugar distante.[38]

Instala-se na desarticulação de vidas distanciadas por "uma
sequência de separações"; em um ferimento de um radical
e "insuportável deslocamento" de casa e família para um
lugar estranho em solo estrangeiro. A solidão presente em
tal ruptura se infunde na narrativa de Kossola. Não pode
ser embalada. "Depois de 65 anos", escreve Hurston, "ele
ainda tinha aquele trágico senso de perda. Aquele anseio por
laços de sangue e culturais. Aquele senso de mutilação."[39]
É a angústia existencial consequência do desenraizamento.

Maafa é um termo de origem suaíli que significa desastre
e a reação humana a ele.[40] O termo se refere à ruptura e ao
desenraizamento da vida de pessoas africanas e à exploração

---

38 MORRISON, 2018.

39 HURSTON, [1942] 1984, p. 204.

40 ANI, Marimba Ani (RICHARD, Dona). *Let the Circle Be Unbroken: The Implications of African Spirituality in the Diaspora* [Que
o círculo seja inquebrável: as implicações da espiritualidade africana
na diáspora]. Trenton: Red Sea Press, 1992, p. 12.

comercial do continente africano do século XV à era da globalização ocidental no século XXI. Conceitualmente, o fenômeno do *maafa* africano é abrangente por reconhecer a extensiva e contínua devastação do continente africano e de seus habitantes e a contínua pilhagem que aumenta o trauma acarretado pelo tráfico transatlântico. Porque "comércio ilegítimo" foi substituído pela "partilha da África" europeia e pela colonização do continente, assim como a "instituição peculiar" da escravização nos Estados Unidos foi reformulada como sistema de servidão penal, os primórdios do complexo industrial prisional. E, assim como Kossola foi enredado na instituição da escravização nos Estados Unidos, o filho dele, Cudjo Lewis Jr., que foi condenado a cinco anos de encarceramento por assassinato, foi entregue ao sistema de servidão penal no estado do Alabama.

Olualê Kossola nunca conseguiu compreender por que estava no "solo americano". "Eles traz a gente pra longe do nosso solo e a gente trabalha pesado cinco anos e seis meses." E, uma vez livre, ele diz, "mas a gente num tem nenhum país e a gente num tem nenhuma terra".[41] E nos Estados Unidos pós-Guerra Civil ele estava sujeito à exploração de seu trabalho e às imprevisibilidades da lei, como se estivesse nos Estados Unidos de antes da guerra. Esse tratamento cruel o confundiu pelo resto da vida. A experiência de Kossola não foi anômala. Representa a realidade do povo afro-estaduni-

---

41 Veja capítulo 8 desta edição.

POSFÁCIO 209

dense que luta por um senso de soberania do próprio corpo
desde que a escravização foi institucionalizada.

O SONHO AMERICANO / SONHOS ADIADOS

O Sonho Americano é um tema importante na narrativa
da diferença racial. O lado assombroso desse sonho, de que
não se fala, inclui a pilhagem da alteridade racial.

Foi esse sonho que inspirou tanto William Foster quanto
Tim Meaher a ignorar a lei da constituição estadunidense, roubar 110 africanos do lar deles e contrabandeá-los
rio Mobile acima para a escravização. Apesar de Foster e
Meaher terem sido acusados de pirataria, nenhum deles
foi condenado por crime algum. Ninguém foi responsabi-
lizado pelo roubo de Kossola e de seus companheiros nem
da exploração deles nos Estados Unidos. Dos milhares de
africanos contrabandeados para os Estados Unidos depois
de 1808, somente um homem foi considerado responsável
e enforcado, e ele morreu afirmando ser inocente.

Segundo relatos folclóricos, Tim Meaher decidiu con-
trabandear africanos para o Alabama como uma aposta.
Em abril de 1858, enquanto viajava no *Roger B. Taney*,
Meaher contou vantagem para passageiros amigos de que
ele poderia trazer africanos para o país, apesar da proibição
ao tráfico transatlântico. Ele apostou "qualquer quantidade
de dinheiro que ele iria 'importar uma carga em menos de

210 POSFÁCIO

dois anos, e ninguém seria enforcado por isso'".[42] Era o sonho de Meaher ser dono de terras e ficar rico e usar trabalho de pessoas escravizadas para fazer isso. Ele acreditava que era seu direito inato.

AFRICATOWN

Ao fim da Guerra Civil, quando descobriram que estavam livres, Kossola e seus compatriotas começaram a planejar a repatriação. Logo se deram conta de que a escassa renda que tinham não seria satisfatória para se sustentar e permitir que economizassem dinheiro suficiente para realizar o sonho de retornar à África. Também sem conhecer as atividades da American Colonization Society, eles resolveram recriar a África nos Estados Unidos. Com esse fim, a comunidade de africanos elegeu Kossola para abordar Timothy Meaher sobre a possibilidade de conceder a eles terra onde pudessem reconstruir a vida como pessoas livres.

"Você fez a gente escravo", disse Kossola a Meaher. "Agora eles faz a gente livre, mas a gente num tem nenhum país e a gente num tem nenhuma terra! Por que você num dá

---

42 ROMEYN, Henry. "'Little Africa': The Last Slave Cargo Landed in the United States" [Pequena África: a última carga de escravizados que aportou nos Estados Unidos], *In: The Southern Workman* [O trabalhador do sul], n. 26, janeiro de 1897, p. 14. Disponível em http://eds.a.ebscohost.com.ezproxy.lib.usf.edu/eds/ebook.

POSFÁCIO   211

pra gente pedaço dessa terra pra gente construí um lar?"[43] A resposta de Meaher foi de indignação: "Tolo acha qu'eu vou dar pra vocês propriedade e mais propriedade? Eu cuidava bem dos meus escravos durante a escravidão e por isso eu num devo nada a eles? Você num pertence a mim agora, por que eu devo dar pra você minha terra?"[44] Kossola e os demais alugaram um terreno até que puderam comprá-lo dos Meahers e de outros proprietários. A porção que eles compraram se tornou Africatown, fundada em 1866.

O Sonho Africano deles estava intrinsecamente ligado ao Sonho Americano de Timothy Meaher, e o sonho que eles tinham de retornar estava para sempre adiado. Mas os sobreviventes do *Clotilda* trabalharam juntos para criar uma comunidade que incorporava o éthos e as tradições da terra natal deles. Em sua fundação e administração, Africatown era semelhante a outras cidades negras, escreveu Sylviane Diouf. Mas se diferenciava pela etnia. Apesar de haver alguns afro-estadunidenses entre eles, como esposas e fundadores, Africatown "não foi concebida como uma colônia para 'negros', mas para africanos".[45]

Africatown era a declaração deles sobre quem eram, e era um refúgio da supremacia branca e do ostracismo de negros estadunidenses. Os laços que africanos criaram nos

---

43 Veja a narrativa nesta edição.

44 Ibid.

45 DIOUF, 2007, p. 156-157.

212 POSFÁCIO

barracões, nos navios e na servidão eram a fonte da sobrevivência e da resiliência deles e o alicerce de sua comunidade.[46]

Africatown é mais que um lugar histórico. É um espaço expressivo da engenhosidade africana e um modelo superior dos processos de aculturação[47] africana no Sul dos Estados Unidos.

Como Africatown é mais que um legado cultural, Olualê Kossola não foi apenas um receptáculo da inteligência negra, escolhido para contar algumas histórias, contos e dizer frases graciosas, e Zora Neale Hurston sabia disso. Ela não pensava em *Olualê Kossola* como mais um artefato cultural

---

46 Ibid., p. 2.

47 O conceito de aculturação ocupa um lugar de destaque na origem da antropologia norte-americana. Franz Uri Boas (1858-1942), que foi orientador de Zora Neale Hurston no Barnard College, em Nova York, empregou o conceito para descrever o contato entre diferentes culturas. Tais interações seriam guiadas pelo que Boas chamava de geist ou "gênio" de um povo. Desse modo, uma determinada cultura absorveria elementos provenientes de outras culturas, moldando-os aos seus próprios padrões e singularidades. Melville Jean Herskovits (1895-1963), que foi um dos principais discípulos de Franz Boas, chegou a defender que a diáspora africana revelava uma sobreposição gradativa dos elementos africanos pelos europeus, restando aos primeiros uma sobrevida num plano mais profundo da vida dessas populações. Zora Neale Hurston, por sua vez, estava menos interessada em pensar a aculturação como instrumento analítico ou como um campo de estudos dos contatos e dos conflitos raciais. Tais temas ficam em segundo plano diante da descrição etnográfica de Zora Neale Hurston e de sua preocupação em apreender e narrar as manifestações da vida cotidiana das populações negras no Sul dos Estados Unidos e, anos mais tarde, nas comunidades afro-caribenhas. (*N. da R.T.*)

POSFÁCIO

que ilustra as características teóricas de expressões negras, mas um retrato peculiar da humanidade negra. "Escravização não é uma massa de carne indefinível", como escreveu Ta-Nehisi Coates.[48] Trata-se de uma mulher específica ou um homem específico. Trata-se de Kossola e de sua esposa, Abilé, das crianças deles, do grupo de africanos que fundou Africatown e seus companheiros e suas companheiras de navio que sobreviveram ao *Clotilda*.

Precisamos acolher essa história com coragem, porque ela é, na compreensão de James Baldwin, "literalmente *presente* em tudo o que fazemos", e o poder dessa história, quando não temos consciência dela, é tirano.[49] A história da vida de Kossola elucidou para Zora Neale Hurston "a natureza universal de ganância e glória" como um "fato irrefutável" de nossa humanidade em comum. É essa humanidade em comum que Hurston lutou para fazer o mundo compreender.

Se enxergarmos *Olualê Kossola* apenas como mais um exemplo brilhante da habilidade antropológica de Hurston, estaremos gravemente equivocados e não compreenderemos o significado total dos objetivos dela como cientista social.

---

48 COATES, Ta-Nehisi. *Between the World and Me*. Nova York: Spiegel & Grau, 2015, p. 69 [ed. bras.: *Entre o mundo e eu*, trad. Paulo Geiger. São Paulo: Objetiva, 2015].

49 BALDWIN, James. "The White Man's Guilt" [A culpa do homem branco]. *In*: *Baldwin, Collected Essays*, Nova York: Library of America, [1965] 1998. p. 723.

Em seu empenho para coletar, preservar e reconhecer o talento das pessoas negras, ela realizava seu sonho de apresentar ao mundo "a maior riqueza cultural do continente" ao mesmo tempo que contradizia o darwinismo social, o racismo científico e a pseudociência estadunidense da eugenia. Ela refutava os princípios do determinismo biológico que estavam no cerne da grande teoria de raça. O *corpus* de histórias tradicionais que Hurston reuniu era um argumento contra essas noções de inferioridade cultural e supremacia branca e desafiava a ideia de hegemonia cultural europeia, assim como questionava a narrativa do nacionalismo branco.

Olualê Kossola é uma contranarrativa que nos convida a quebrar nosso silêncio coletivo sobre pessoas escravizadas e a escravização, sobre pessoas que mantinham escravizados como propriedade e sobre o Sonho Americano. Finalizada em 1931, a narrativa de Olualê Kossola finalmente encontrou seus leitores, e a primeira obra de Zora Neale Hurston que tem extensão de livro encontrou quem a recebesse e, por fim, agora está publicada. Apesar de quase um século ter passado entre a finalização do rascunho final de seu manuscrito e a publicação de *Olualê Kossola*, as questões que o livro levanta sobre escravização e liberdade, ganância e glória, soberania pessoal e nossa humanidade em comum são tão importantes hoje quanto foram durante a vida de Kossola.

Agradecimentos

DO FUNDO ZORA NEALE HURSTON

As curadoras do Fundo Zora Neale Hurston desejam agradecer a todas as pessoas que contribuíram para a publicação da obra inédita de Zora Neale Hurston, *Olualê Kossola*. Não reivindicamos direitos como autoras desta obra; no entanto, somos mantenedoras do legado de Zora Neale Hurston e, como tal, nosso compromisso é preservar sua posição no mundo como ícone literário e gigante antropológica. Expressamos gratidão a nossa agente e a editoras e editores, bem como a acadêmicos e acadêmicas e pessoas devotas cujo amor pelo *Olualê Kossola* de Zora fez com que se envolvessem na publicação desta obra.

Agradecemos os esforços da equipe da Joy Harris Literary Agency e de Joy Harris, nossa agente, que trabalhou incansavelmente para promover essa obra. Joy nos ofereceu a orientação e a mão firme necessárias para que pudéssemos

216 AGRADECIMENTOS

fornecer a ela um manuscrito publicável. Apesar de às vezes termos andado em direções opostas, ela foi capaz de organizar nossas atividades para que conseguíssemos entregar a história. Joy amou Cudjo Lewis desde o início e compartilhou conosco da convicção de que a história de Cudjo estava destinada a ser publicada. Agradecemos também a Adam Reed, estimado sócio de Joy. Ele foi uma força em nossos esforços para preparar um original completo e pronto para a avaliação de Joy e de editoras. Nenhuma atividade era pequena demais para valer sua atenção.

Por reconhecerem *Olualê Kossola* como uma contribuição inestimável à história da escravização nos Estados Unidos, queremos expressar nossa gratidão a nossos editores e a nossas editoras na HarperCollins: Tracy Sherrod, diretora editorial do Amistad; Jonathan Burnham, editor da HarperCollins; e Amy Baker, editora assistente da Harper Perennial e da Harper Paperbacks. Essas pessoas determinaram que a história de Cudjo Lewis deveria ser contada e ajudaram a tornar possível o nascimento de *Olualê Kossola*. Além disso, estendemos nosso agradecimento a Diane Burrowes, diretora sênior dos mercados acadêmico e livreiro, e a Virginia Stanley, diretora dos mercados acadêmico e livreiro, que contribuíram com seu conhecimento para esta publicação.

À Dra. Deborah G. Plant, estendemos nosso mais sincero agradecimento por seu trabalho editorial. Deborah trouxe seu amor por todas as coisas de Zora para este pro-

AGRADECIMENTOS

jeto. Somos gratas por sua diligência em pesquisar questões relacionadas ao original e por fornecer respostas a perguntas que poderiam ser feitas. Também somos gratas por Deborah valorizar e nos explicar o uso da metodologia etnográfica por Zora ao contar a história de Cudjo. Ela estava em sintonia com a energia de Zora o tempo todo.

Estendemos nossa contínua gratidão aos muitos acadêmicos defensores de Zora Neale Hurston. Sem seu amor e sua defesa, as obras de Zora e sua vitalidade pessoal talvez fossem perdidas por gerações. Somos gratas a Alice Walker, que se tornou uma ativista por Zora e a declarou "um Gênio do Sul". Somos gratas a Cheryl Wall, que sabe muito sobre Zora e generosamente compartilhou suas descobertas com outras pessoas. Somos gratas a Valerie Boyd, que nos ajudou a conhecer, compreender e amar Zora por meio de sua biografia da vida de Zora. Somos gratas a Kristy Andersen, que, por meio de seu trabalho documental sobre a vida de Zora, apresentou-a para tantas pessoas.

Temos uma dívida de gratidão para com o Centro de Pesquisa Moorland-Spingarn, da Universidade Howard, e seu curador, Joellen ElBashir, por servirem como guardiãs do original de *Olualê Kossola* por tantos anos. Também somos gratas à Sociedade Histórica de Mobile por fornecer documentos históricos que certificam a vida de Cudjo Lewis nos Estados Unidos.

Jamais poderemos retribuir as pessoas que amaram e apoiaram Zora em sua busca por nos deixar um legado cultural em muitos níveis, mas podemos nos alegrar com essas pessoas, celebrando a aceitação de Zora hoje como uma das folcloristas mais importantes do mundo, bem como um gênio literário. *Olualê Kossola* é um exemplo perfeito do talento de Zora em muitos gêneros. É uma publicação tardia, mas é oportuna em suas instruções.

DE DEBORAH G. PLANT

Sou eternamente grata pelo legado de Zora Neale Hurston e por seu espírito magnânimo. Sou grata pelo direcionamento dado pela Dra. Linda Ray Pratt, da Universidade de Nebraska-Lincoln, que estava presente no início de tudo comigo e acompanhando minhas investigações sobre a vida e a obra de Zora Neale Hurston. É com uma abundância de gratidão que agradeço às integrantes do Fundo Zora Neale Hurston (Lois Gaston, Lucy Ann Hurston e Nicole Green) a oportunidade de poder ser útil na publicação da narrativa de Hurston.

Por seu apoio e ajuda, agradeço a minha irmã, Gloria Jean Plant Gilbert, que viajou comigo para Africatown e capturou um pouco do espírito do lugar nas fotos que fez. Por sua proficiência, orientação, paciência e gentileza, agradeço e expresso profunda apreciação a Joy Harris, da Joy Harris Literary Agency, e seu sócio, Adam Reed; e à diretora editorial da HarperCollins, Tracy Sherrod, e sua assistente, Amber Oliver.

AGRADECIMENTOS

Desejo agradecer aos escritores cujas obras contribuíram para nosso conhecimento sobre os africanos que foram contrabandeados para os Estados Unidos a bordo do *Clotilda*, escravizados no Alabama e que, em liberdade, fundaram uma cidade e deixaram um rico patrimônio. Agradeço o espírito generoso da Sra. Mary Ellis McClean, bisneta de Kossola, que falou conosco na Igreja Batista Union Missionary (organizada originalmente como a Igreja Batista Old Landmark, em 1872), da qual Kossola foi um dos membros fundadores. Agradeço especialmente a Sylviane A. Diouf e a Natalie S. Robertson suas pesquisas e publicações inovadoras sobre "os africanos do *Clotilda*"; e a Lynda Marion Hill por sua análise perspicaz dos esforços de Hurston para escrever a narrativa *Olualê Kossola*. Estendo imensos agradecimentos e gratidão à Sra. Patrice Thybulle, minha dedicada assistente de pesquisa e colaboradora no projeto Maafa, iniciado durante minha gestão na Universidade do Sul da Flórida. Agradeço à bibliotecária e curadora da Universidade Howard Joellen ElBashir sua ajuda. E agradeço a meus pais, Alfred e Elouise Porter Plant, e a Roseann e Henry Carter a inspiração; agradeço a Phyllis McEwen, Gwendolyn Lucy Bailey Evans, Joanne Braxton, Virginia Lynn Moylan, Valerie Boyd, Cathy Daniels, Marvin Hobson, Lois Plaag e Sam Rosales a amizade e apoio contínuos.

Eu honro o espírito ancestral de Olualê Kossola (Cudjo Lewis) e agradeço a ele sua história de vida comovente.

Fundadores e primeiros residentes de Africatown[1]

NOME "AFRICANO"	NOME ESTADUNIDENSE	ORIGEM
Poli/Kupoli	Allen, Pollee (Pollyon)	Iorubá
	Allen, Lucy	
	Allen, Rosalie (Rose)	
Monabi (Omolabi)	Cooper, Katie (Kattie)	Iorubá
	Dennison, James	Carolina do Sul
Kenko	Dennison, Lottie	Iorubá
	Dozier, Clara	
	Ely, Horace	Alabama
	Ely, Matilda	Alabama
	Johnson, Samuel	
	Keeby, Anna (Annie)	

---

1 Essa tabela é baseada nas obras de Diouf (2007) e de Robertson (2008).

FUNDADORES E PRIMEIROS RESIDENTES DE AFRICATOWN

NOME "AFRICANO"	NOME ESTADUNIDENSE	ORIGEM
Kibi, Ossa		Hauçá
Gumpa	Lee, (Africano) Peter Lee, Josephine Lewis, America (Maggie)	Fon
Abilé	Lewis, Celia (Celie)	Iorubá
Olualê	Lewis, Charles (Char-Lee)	Iorubá
Kossola (Kazula)	Lewis, Cudjo Livingston, John	Iorubá
Ar-Zuma	Livingston (Levinson), Zuma Nichol, Lillie Nichol, Maxwell	Nupé África/? Alabama
Jaba (Jabi ou Jabar)	Shade, Jaybee (Jaba) Shade, Polly (Ellen) Thomas, Anthony (Toney) Thomas, Ellen	Jaba/Jabi? Alabama
Abache (Abackey)	Turner, Clara Turner, Samuel Wigfall (Wigerfall), Hales	Iorubá
Shamba	Wigfall (Wigerfall), Shamba Wilson, Lucy	Shambaa?

Glossário

Clotilda, O: uma escuna de 120 81/91 toneladas construída por William Foster em Mobile, Alabama, em 1855. Media 26 metros de comprimento, 7 metros de largura e 2,1 metros de profundidade. Com dois mastros e um convés, foi construída para ser rápida. Esses tipos de navios foram projetados durante os anos de supressão do tráfico, a fim de escapar dos navios que fiscalizavam as águas. A constituição estadunidense declarou piratas os envolvidos na importação ilegal de africanos para os Estados Unidos e que os detidos seriam acusados de pirataria e enforcados. Em colaboração com Timothy Meaher, William Foster retratou o *Clotilda* como um navio negreiro. Sua jornada para a África foi seu primeiro empreendimento de contrabando e seria o último. Em março de 1860, Foster partiu para Uidá, na costa da África Ocidental, onde comprou ilegalmente 125 africanos que ficaram detidos nos barracões de Daomé. Com medo de ser capturado por dois navios a vapor que se aproximavam, Foster içou âncora e deixou quinze africanos na praia.

224 GLOSSÁRIO

Após cerca de 45 dias no Atlântico, Foster atracou perto da ilha Twelve-Mile, no rio Mobile. Depois de desembarcar os africanos, Foster queimou e afundou o *Clotilda* em Big Bayou Canot, na tentativa de encobrir sua pirataria. O *Wanderer*, que transportou mais de quatrocentos cativos congoleses para a ilha Jekyll, Geórgia, em novembro de 1858, há muito era considerado o último navio a importar africanos ilegalmente para os Estados Unidos. Com sua chegada documentada em 1860, na baía de Mobile, o *Clotilda* agora detém essa lamentável distinção.

Comércio ilegítimo: uma série de atos constitucionais transformou o tráfico transatlântico de atividade "legítima" em "ilegítima". A participação dos Estados Unidos no tráfico transatlântico remonta à era colonial. Como os maiores empreendimentos de tráfico nas colônias da época eram administrados em Rhode Island, a família D'Wolf, chefiada por James e Charles D'Wolf, comandava o maior empreendimento de tráfico em Bristol, Rhode Island, depois da Revolução Americana. No fim do século XVIII, os navios estadunidenses, juntamente com os ingleses e os portugueses, dominaram o tráfico atlântico de seres humanos. Em 1794, o Congresso dos Estados Unidos aprovou uma lei que proibia construir ou equipar navios com o propósito de importar africanos para os Estados Unidos ou para o tráfico em outros países. As multas variavam de US$ 200 a US$ 2.000. A Lei de Proibição da Importação

GLOSSÁRIO 225

de Pessoas Escravizadas, de março de 1807, declarou ilegal toda a participação no comércio internacional e aboliu a importação de africanos para os Estados Unidos. As multas por violação aumentaram para mais de US$ 20.000 e as penas eram de pelo menos cinco, mas não mais de dez, anos de reclusão. A lei entrou em vigor em 1º de janeiro de 1808. A lei de 1820 acusava de pirataria os participantes do tráfico e aplicava pena de morte. Embora o tráfico internacional tenha sido considerado ilegal ou "ilegítimo", os defensores da escravização continuaram a praticá-la. O Reino Unido também aboliu o tráfico transatlântico em 1807. Na tentativa de suprimir o tráfico de humanos, incentivou e promoveu o "comércio legítimo" com a África. Esse comércio envolvia a troca de produtos "legítimos" da África, como as exportações agrícolas de óleo de dendê, caroços de dendê, noz-de-cola e amendoim.

Comércio transatlântico de pessoas escravizadas: a atividade comercial de atravessar o Atlântico transportando pessoas africanas cativas para outras terras com o intuito de cultivarem safras comerciais foi iniciada pelos portugueses, na metade do século XV. O príncipe Henrique de Portugal (1394-1460), conhecido em toda a Europa como "Henrique, o Navegador", conhecia bem a vasta riqueza da África e da Ásia. Não mais contente em negociar bens e pessoas da África subsaariana com mouros, berberes e intermediários árabes, ele buscou acesso direto a esses continentes, não

GLOSSÁRIO

por terra, mas por mar. Antes de o comércio de corpos africanos ter sido estabelecido e regularizado, marinheiros europeus se engajaram na abordagem "esmagar e agarrar" de adquirir pessoas africanas para uso como escravizadas. Em 1441, os portugueses apreenderam doze africanos da costa oeste da África. Ações subsequentes desse tipo resultaram em retaliação. Os portugueses então estabeleceram acordos formais com oficiais africanos. Colonos portugueses radicados na ilha da Madeira começaram experimentações com o cultivo de cana-de-açúcar. Inicialmente, importavam europeus orientais e africanos para realizar esse trabalho. No entanto, a queda de Constantinopla para os turcos em 1453 fechou os "portos negreiros" do mar Negro para os europeus ocidentais em busca de pessoas escravizadas do leste europeu. Como resultado dessa reviravolta, a maioria dos trabalhadores nos canaviais madeirenses veio do continente africano. Os portugueses replicaram esse modelo de cultivo de cana-de-açúcar com mão de obra africana nas plantações do Caribe e do continente americano. Outras nações europeias, a Inglaterra e as colônias inglesas na América do Norte emularam os portugueses. Bem depois da abolição do tráfico transatlântico pela maioria das nações europeias e pelos Estados Unidos, os portugueses persistiram com seus empreendimentos no tráfico até 1870.

"Escravização": o termo *"slave"* [escravizado], originalmente significava *cativo* e foi historicamente associado aos povos

GLOSSÁRIO 227

eslavos da Europa oriental, que foram conquistados pelos europeus ocidentais no século IX e forçados a condições de servidão. O mesmo termo foi usado em referência a povos africanos que os europeus ocidentais submeteram à servidão no Caribe e no continente americano. Também tem sido usado para se referir à condição de servidão praticada na África antes das invasões árabe-islâmicas e europeias.[1]

O que tipicamente caracteriza a escravização é o fato de as pessoas percebidas como diferentes da sociedade em geral poderem ser subjugadas e exploradas por seu trabalho; não terem direitos e serem consideradas propriedade, uma coisa possuída; e tanto elas quanto seus descendentes herdarem essa condição para a vida.

Nos Estados Unidos, a escravização é chamada de Instituição Peculiar. Como em outras partes da América, essa instituição foi violenta, desumana e racializada.

"Escravização" (**"Escravização interna"** africana): formas de servidão existiam na África antes das invasões de muçulmanos árabes e europeus, mas isso não era escravização. Esta era apenas uma das formas de servidão, ou trabalho, praticadas em várias civilizações, desde a Antiguidade até os

---

1 Conforme Antônio Geraldo da Cunha, no *Dicionário Etimológico Nova Fronteira da Língua Portuguesa*, o vocábulo "escravo" aparece pela primeira vez documentado em francês, italiano, alemão e inglês no século XII; no entanto, em português e em castelhano, apenas no século XV, provavelmente porque "cativo" era usado com a mesma acepção. (*N. da T.*)

dias modernos. Servidão, clientelismo, trabalho assalaria-do, penhor e trabalho comunitário são exemplos de outros tipos e condições de trabalho praticados. As condições de trabalho nas primeiras ou antigas sociedades africanas eram mais características das condições associadas ao feudalismo, não à escravização, e eram mais apropriadamente descritas como relações de dependência.

Pessoas africanas em condições de servidão eram sujeitas a trabalhos que outros porventura se recusassem a realizar, aqueles considerados degradantes, tediosos ou perigosos. Eram submetidas a maus-tratos e até mesmo sacrificadas vivas em rituais. Mas, em sua maioria, africanos em relações de dependência tinham direitos e mantinham sua dignidade humana. Depois da metade do século XV, os sistemas de servidão entre os africanos ocidentais foram transformados, à medida que o tráfico transatlântico se tornou parte inte-grante da política e da economia das sociedades africanas.

O tráfico transatlântico também transformou a identi-dade das pessoas no continente africano e a relação entre elas. Como as pessoas eram então percebidas como escravas, aquelas que estavam fora de um determinado grupo — em termos de etnia, ideologia ou linhagem — ficavam sujeitas à captura e deportação. Apesar da diversidade étnica e cultural das pessoas no continente, europeus e americanos se referiam a elas, coletivamente, como "africanos". Isso re-sultou na crença de que "'africanos' venderam seus próprios irmãos e irmãs". Essa tendência de generalizar os vários

GLOSSÁRIO 229

grupos étnicos como "africanos" tem sido fonte contínua de conflito para o povo da África e da diáspora africana.

Garotos kru: garotos kru e homens kru formavam um grupo de marinheiros e trabalhadores de navios que se estabeleceram ao longo da costa da África Ocidental. Eles são originários dos povos kru do interior da Líbia que migraram para a costa oeste. Durante o século XVIII, trabalharam como marinheiros e trabalhadores braçais para britânicos e europeus em seu comércio marítimo com a África Ocidental. Eles trabalhavam a bordo de navios traficantes e atuavam como negociantes, corretores e intermediários para pessoas dispostas a comprar africanos. Eram conhecidos por suas habilidades em manobrar canoas cheias de pessoas ou mercadorias através de ondas fortes, tanto em direção à praia quanto aos navios.

Jim Crow: o termo *Jim Crow* se refere ao sistema social que se desenvolveu nos Estados Unidos após a Guerra Civil. O nome "Jim Crow" é baseado em um personagem desenvolvido pelo "pai dos menestréis estadunidenses", Thomas Rice, que atuava fazendo uso do *black face*. Rice se apropriou da música do folclore negro que falava sobre Jim Crow e criou um personagem estereotipado dos negros como sub-humanos preguiçosos, ridículos e sem valor. As representações depreciativas que Rice fazia de pessoas negras eram populares entre seu público branco. O nome "Jim

230 GLOSSÁRIO

Crow", portanto, tornou-se sinônimo do sistema de segregação racial que considerava pessoas negras seres inferiores enquanto elevava pessoas brancas a seres superiores. Em 1896, a decisão da Suprema Corte dos Estados Unidos no caso *Plessy versus Ferguson* sancionou Jim Crow. A decisão sustentou a doutrina "separados, mas iguais", que segregou as raças nas esferas públicas e efetivamente deu início à segregação *de jure* na sociedade americana.

Maafa: Marimba Ani define *maafa* como um termo suaíli que significa desastre e a reação humana a ele. O termo se refere à perturbação e à desterritorialização das vidas de povos africanos e à exploração comercial contínua do continente africano — do século XV à era da globalização ocidental. O *maafa* africano envolve o fenômeno multidirecional, violento e catastrófico que permeou todo o continente africano, não apenas sua costa ocidental. Portanto, o conceito também abrange o tráfico de pessoas africanas através do Saara, do mar Mediterrâneo, do mar Vermelho e do oceano Índico, que ocorreu séculos antes do início do tráfico transatlântico.

Mosé, Forte: no fim do século XVII, africanos fugindo da escravização em colônias britânicas se estabeleceram em território espanhol perto de Saint Augustine, Flórida. Em 1738, o governador espanhol, Manuel de Montiano, fortificou a colônia com a construção do forte Gracia Real de Santa Teresa de Mosé, garantiu aos colonos cidadania e santuário; portanto, fundou a primeira cidade negra livre na América do Norte. O forte se tornou o ponto mais ao norte de defesa espanhola contra os britânicos, e os habitantes da cidade se tornaram membros da milícia do forte Mosé. O capitão Francisco Menendez, que escapara da escravização na Carolina do Sul, foi nomeado "chefe" da cidade. Sob sua liderança, a milícia do forte Mosé junto com nativos americanos e os residentes europeus de Saint Augustine defenderam o forte contra um ataque britânico em 1740. O forte Mosé foi um refúgio para africanos, afro--estadunidenses e nativos americanos até o Tratado de Paris, de 1763, que cedeu a Flórida aos britânicos.

Navio negreiro: os navios negreiros eram chamados de *"slavers"* [escravizadores], porque os envolvidos no tráfico não viam as pessoas africanas que transportavam como seres humanos, mas como escravos (ou seja, bens móveis, *commodities*, carga, mercadorias), e assim eles as tratavam. A bordo dessas embarcações, africanos e africanas vivenciavam choque ou melancolia, sem saber nem para onde iam nem qual destino os esperava. Os espaços de confinamento eram escuros e fétidos. No início dessas viagens oceânicas, a taxa de mortalidade entre pessoas africanas podia chegar a 50 por cento. Durante esse período, o "carregamento apertado" era um método comum de carregar os navios com africanos e africanas. A fim de minimizar os prejuízos por causa da alta taxa de mortalidade, os capitães faziam a tripulação

232 GLOSSÁRIO

amontoar o máximo de pessoas possível em um porão, deixando pouco espaço para se movimentarem ou sentar em posição ereta. Em alguns navios, africanos e africanas eram colocados uns em cima dos outros, empilhados como toras. Nos séculos posteriores, mudanças no design dos navios, nos regulamentos e o desejo de obter mais lucro modificaram os métodos usados para transportar pessoas africanas.

Òrìṣà [orixá]: nas tradições espirituais do povo iorubá da África Ocidental, a divindade suprema se manifesta como a trindade de Olodumaré, Olófin e Olorùn. Os orixás são um reflexo dessas expressões divinas. Eles representam um panteão de divindades que incorporam qualidades específicas do cosmos. No panteão estão Obatalá, Oxúm, Iemanjá, Xangô, Oyá e Ogúm. As cerimônias tradicionais servem para unir os humanos ao reino espiritual e restaurar o equilíbrio entre humanos e natureza. A reverência ancestral é um aspecto integrante da tradição. Na América, a espiritualidade africana foi fonte de resiliência e resistência à realidade deprimente e absurda à qual os povos africanos foram forçados. A tradição dos orixás, junto com outras tradições espirituais dos povos da África Ocidental, fundiu-se com as tradições religiosas do cristianismo europeu e dos ameríndios para criar novos sistemas de crenças, como vodu, hudu, obeah, santeria e candomblé. Zora Neale Hurston pesquisou e documentou essas religiões sincréticas em *Mules and Men* (1935) e em *Tell My Horse: Voodoo and Life in Haiti and Jamaica* [Diga ao meu cavalo: vodu e a vida no Haiti e na Jamaica] (1938).

GLOSSÁRIO   233

Passagem do Meio: a Passagem do Meio [*Middle Passage*] é a rota transoceânica, da costa oeste da África para a América, feita por navios do tráfico. Também se refere à etapa intermediária do que é chamado de "comércio triangular de pessoas escravizadas": navios originários da Inglaterra ou da Europa navegavam até a costa africana para trocar produtos manufaturados por pessoas africanas cativas; essas pessoas eram, então, vendidas ou trocadas na América por matéria--prima (algodão, açúcar, café, tabaco); navios carregados com esses materiais fariam então a viagem de volta da América para a Europa. A duração da viagem do litoral africano aos portos do Caribe e da América variava. A viagem da África ao Brasil levava pelo menos um mês. Da África ao Caribe ou à América do Norte podia levar dois ou três meses. Outras variáveis, tais como vento, clima inclemente, motim, rebelião ou fuga de outras embarcações aceleravam ou retardavam a passagem de um navio.

Roche, Emma Langdon: Emma Roche nasceu em 26 de março de 1878, em Mobile, Alabama. Era filha de Thomas T. e Annie Laura (James) Roche. Emma Roche era artista, escritora, governanta e agricultora. Ela escreveu *Historic Sketches of the South* em 1914 e ilustrou o livro com seus próprios desenhos e fotografias dos residentes de Africatown.

Bibliografia

ALFORD, Terry. *Prince among Slaves: The True Story of an African Prince Sold into Slavery in the American South*. Nova York: Oxford, 1977.

ANI, Marimba (RICHARD, Dona). *Let the Circle Be Unbroken: The Implications of African Spirituality in the Diaspora*. Trenton: Red Sea Press, 1992.

BOYD, Valerie. *Wrapped in Rainbows: The Life of Zora Neale Hurston*. Nova York: Scribner, 2003.

BURTON, Richard F. *A Mission to Gelele, King of Dahome, vol. 1*. Nova York: Frederick A. Praeger, [1894] 1966.

CANOT, Theodore; MAYER, Brantz; COWLEY, Malcolm (ed.). *Adventures of an African Slaver: Being a True Account of the Life of Captain Theodore Canot, Trader in Gold, Ivory and Slaves on the Coast of Guinea*. Whitefish: Kessinger Legacy Reprints, [1854] 2012.

COATES, Ta-Nehisi. *Between the World and Me*. Nova York: Spiegel & Grau, 2015. [ed. bras.: *Entre o mundo e eu*, trad. Paulo Geiger. São Paulo: Objetiva, 2015.]

236 BIBLIOGRAFIA

CURTIN, Philip (ed.). *Africa Remembered: Narratives by West Africans from the Era of the Slave Trade*. Prospect Heights: Waveland Press, [1967] 1997.

DIOUF, Sylviane A. *Dreams of Africa in Alabama: The Slave Ship Clotilda and the Story of the Last Africans Brought to America*. Nova York: Oxford University Press, 2007.

EQUIANO, Olaudah. *The Interesting Narrative of the Life of Olaudah Equiano, Written by Himself* [A interessante narrativa de vida de Oluadá Equiano, escrita por ele mesmo]. Boston: Bedford Books of St. Martin's Press, [1788] 1995.

FORBES, Frederick Edwyn. *Dahomey and the Dahomans: Being the Journals of Two Missions to the King of Dahomey, and Residence at His Capital, in the Years 1849 and 1850*, v. 1. Charleston: BiblioBazaar Reproduction Series, [1851] 2008.

FOSTER, William. "Last Slaver from U.S. to Africa, A.D. 1860." Mobile Public Library, Local History and Genealogy. Mobile, Alabama.

FROST, Diane. *Work and Community among West African Migrant Workers since the Nineteenth Century* [Trabalho e comunidade entre os trabalhadores imigrantes do oeste da África desde o século XIX]. Liverpool: Liverpool University Press, 1999.

HEMENWAY, Robert. *Zora Neale Hurston, A Literary Biography*. Urbana: University of Illinois Press, 1980.

HILL, Lynda Marion. *Social Rituals and the Verbal Art of Zora Neale Hurston*. Washington: Howard University Press, 1996.

HURSTON, Lucy Anne; ESTATE OF ZORA NEALE HURSTON. *Speak, So You Can Speak Again: The Life of Zora Neale*

BIBLIOGRAFIA 237

Hurston [Fale para que você possa falar de novo: a vida de Zora Neale Hurston]. Nova York: Doubleday, 2004.

HURSTON, Zora Neale. "Barracoon: The Story of the Last 'Black Cargo'". Datilografias e rascunho manuscrito. 1931. caixas 164-186, arquivo n. 1. Coleção Alain Locke, Departamento de Manuscritos, Centro de Pesquisa Moorland-Spingarn, Universidade Howard.

HURSTON, Zora Neale. "Communications". *Journal of Negro History*, v. 12, n. 4 (outubro de 1927). Disponível em http://www.jstor.org/stable/2714042.

HURSTON, Zora Neale. "Cudjo's Own Story of the Last Slaver". *Journal of Negro History*, v. 12, n. 4 (outubro de 1927). Disponível em http://www.jstor.org/stable/2714041.

HURSTON, Zora Neale. *Dust Tracks on a Road: An Autobiography*. 2ª ed. Urbana: University of Illinois Press, [1942] 1984.

HURSTON, Zora Neale. "The Last Slave Ship" [O último navio negreiro]. *American Mercury*, v. 58 (1944), p. 351-58.

HURSTON, Zora Neale. "The Last Slave Ship" [O último navio negreiro]. *Negro Digest*, v. 2 (maio de 1944), p. 11-16.

HURSTON, Zora Neale. *Mules and Men*. Bloomington: Indiana University Press, [1935] 1978.

HURSTON, Zora Neale. *Tell My Horse: Voodoo and Life in Haiti and Jamaica*. Nova York: Harper & Row, [1938] 1990.

JORDAN, Winthrop. *The White Man's Burden* [O fardo do homem branco]. Nova York: Oxford University Press, 1974.

JUMP at the Sun. Direção: Sam Pollard. Produção de Bay Bottom News. St Petersburg: PBS, 2008.

BIBLIOGRAFIA

KAPLAN, Carla (ed.). *Zora Neale Hurston: A Life in Letters*. Nova York: Doubleday, 2002.

LAW, Robin. *Ouidah: The Social History of a West African Slaving "Port", 1727-1892*. Athens: Ohio University Press, 2004.

LEWIS, Cudjo (Kossola). Cudjo Lewis to Charlotte Osgood Mason, 4 de setembro de 1930. Alain Locke Papers 16.499, Centro de Pesquisa Moorland-Spingarn, Universidade Howard.

LOCK, Alain LeRoy. *The New Negro: An Interpretation*. Nova York: A. & C. Boni, 1925.

LORDE, Audre. *Sister Outsider: Essays and Speeches*. New York: Crossing Press Feminist Series, 1984. [ed. bras.: *Irmã outsider: ensaios e conferências*, trad. Stephanie Borges. São Paulo: Autêntica, 2019.]

LOVEJOY, Paul E. *Transformations in Slavery: A History of Slavery in Africa*. 3. ed. Nova York: Cambridge University Press, 2012 [ed. bras.: *A escravidão na África*: uma história de suas transformações, trad. Regina Bhering e Luiz Guilherme B. Chaves. Rio de Janeiro: Civilização Brasileira, 2002].

MORRISON, Toni. *Beloved*. Nova York: Alfred A. Knopf, 1987 [ed. bras.: *Amada*, trad. José Rubens Siqueira. São Paulo: Companhia das Letras, 2018].

MORRISON, Toni. *The Origin of Others* [A origem dos outros]. Cambridge: Harvard University Press, 2017.

ROBERTSON, Natalie S. *The Slave Ship Clotilda and the Making of AfricaTown, USA: Spirit of Our Ancestors*. Westport: Praeger, 2008.

ROCHE, Emma Langdon. *Historic Sketches of the South*. Nova York: Knickerbocker Press, 1914.

BIBLIOGRAFIA

ROMEYN, Henry. "'Little Africa': The Last Slave Cargo Landed in the United States". *The Workman*, v. 26., n. 1, Hampton Normal and Agricultural Institute, Hampton, janeiro de 1897, p. 14-17. Disponível em: http://eds.a.ebscohost.com.ezproxy.lib.usf.edu/eds/ebook.

Este livro foi composto na tipografia Adobe Jenson Pro,
em corpo 12/16,7, e impresso em
papel off-white no Sistema Cameron da
Divisão Gráfica da Distribuidora Record.